De l'origine de l'inflammation des veines

et des causes, conséquences et traitement des dépôts purulents

MD Henry Lee

Writat

Cette édition parue en 2023

ISBN : 9789359255170

Publié par
Writat
email : info@writat.com

Contenu

PRÉFACE.

DEPUIS l'époque où la pathologie humorale est tombée dans un discrédit mérité, relativement peu de tentatives ont été faites pour définir avec quelque degré d'exactitude les conditions dans lesquelles les sécrétions morbides peuvent se frayer un chemin dans la circulation. Les maladies produites par la présence de liquides viciés dans l'organisme général et dans les parties du corps éloignées de leur source originelle ont reçu plus d'attention ; mais ils sont encore loin d'occuper dans nos systèmes de médecine et de chirurgie la place que mérite leur importance.

La difficulté de retrouver les sécrétions malades après qu'elles se sont mêlées au sang, ou de reconnaître leur présence dans les vaisseaux, a rendu l'investigation de leurs actions souvent fastidieuse et peu concluante ; tandis que, d'un autre côté, les changements de structure dans les parties solides, facilement appréciés par les sens, ont été plus propres à arrêter l'attention et à fournir cette solution facile de l'origine des symptômes qui, qu'ils soient imaginaires ou réels, a été détectée. une tendance à soulager l'esprit du doute et du suspense. Il est donc arrivé que la pathologie des parties solides du corps ait reçu une attention très disproportionnée.

La plupart des observations qui ont tendu à faire progresser notre connaissance des effets de l'introduction de liquides malades dans le sang, ont été enregistrées sous le nom de phlébite ou inflammation des veines ; et j'ai conservé ce titre, bien qu'il soit évidemment insuffisant pour exprimer les affections constitutionnelles qui forment les traits les plus importants et les plus caractéristiques de ces plaintes.

L'introduction de pus dans l'organisme a été, à juste titre, considérée comme la plus importante de cette classe de maladies. Mais la théorie de la circulation des globules de pus avec le sang, appuyée comme elle l'a été par des raisonnements très ingénieux et très commodément adaptée pour expliquer la formation des dépôts purulents, n'a encore jamais obtenu une croyance générale. L'arrêt des globules de pus dans les tubes capillaires a paru à beaucoup de gens habitués à l'observation pratique des maladies, une solution trop mécanique de l'origine de ces abcès ; et il est devenu nécessaire de déterminer, avec plus de précision qu'on ne l'a fait jusqu'ici, les conditions réelles dans lesquelles le pus en substance peut être reçu dans la circulation.

La simple expérience de mélanger du pus avec du sang sain et récemment prélevé montrera immédiatement qu'une telle combinaison ne peut pas circuler dans le corps vivant. On constatera que le sang coagule autour des globules de pus et forme une masse solide qui adhère à la première surface avec laquelle il entre en contact ; et il sera évident que ce n'est que lorsque le coagulum ainsi formé est brisé ou dissous, que ses éléments peuvent circuler avec le sang.

Il ne semble pas peu surprenant que cette expérience, peut-être la plus simple et la plus instructive qui puisse être réalisée en ce qui concerne la formation de dépôts purulents, n'ait pas été utilisée de préférence à d'autres qui ont été difficiles à exécuter. , et peu concluants dans leurs résultats.

Sir Charles Bell a fait remarquer que nous pouvons rarement nous fier aux réponses arrachées aux animaux vivants par des expériences qui vont à l'encontre du sentiment naturel de l'humanité ; et qu'il est de notre devoir, si des expériences sont faites, de s'y préparer en tout cas par l'application préalable la plus étroite de notre raison, et de restreindre ainsi la question de manière à être sûr que nos procédés peuvent être avantageux. Si la simple expérience mentionnée ci-dessus, illustrant l'action du pus sur le sang hors du corps, avait été dûment considérée, elle aurait pu épargner certaines des expériences vagues et inutiles qui ont été effectuées sur des animaux vivants dans l'étude du présent sujet.

Septembre 1850.
13, Dover Street, Piccadilly.

PARTIE I.

SUR L'INFLAMMATION DES VEINES :
AVEC DES EXPÉRIENCES ILLUSTRANT LES EFFETS D'UN ÉTAT VICIÉ DU SANG.

I. JOHN HUNTER a exprimé sa conviction que le sang a « le pouvoir d'action en lui-même » [1] et que lorsqu'il coagule, il le fait en conséquence d'une « impression » qu'il reçoit. Une telle impression peut être communiquée par la séparation des vaisseaux vivants, ou par « la cessation de l'action naturelle » [2] en eux. Dans certaines circonstances, les vaisseaux vivants eux-mêmes peuvent aussi être le moyen d'exciter la coagulation. [3] Dans d'autres, le mélange de substances étrangères peut retarder ou accélérer cette opération. [4] Les expériences faites pour déterminer ce dernier point, nous informe M. Hunter, « ont été plutôt imaginées que pleinement réalisées ; et le sujet plutôt abordé et effleuré que poursuivi ». [5] Dans ces expériences, différents articles utilisés en médecine étaient mélangés avec des portions de sang prélevées sur le corps ; et on a constaté que, dans certains cas, ils modifiaient à la fois « le temps » et « la fermeté de la coagulation ». [6] Le fait que des médicaments soient utilisés dans de telles expériences donne à penser qu'en instituant ces recherches, Hunter a conçu que les substances qui tendraient à produire de telles actions hors du corps pourraient également produire un certain effet sur le sang dans les êtres vivants. animaux. En essayant de poursuivre l'idée ainsi rejetée, j'ai été amené à essayer l'effet de différentes substances sur le sang, et à considérer les changements qui peuvent être produits dans ce fluide par le mélange de sécrétions animales. Les expériences qui seront détaillées ci-après, non seulement confirment la notion de M. Hunter, selon laquelle les substances étrangères peuvent induire des actions dans le sang lorsqu'elles sont retirées du corps, mais montrent aussi que certains de ces effets peuvent se produire encore plus rapidement dans les vaisseaux vivants.

Dans ces expériences, le pus a été utilisé de préférence à tout autre liquide ; d'abord, parce que le pouvoir de coaguler le sang qu'on lui a découvert permet de suivre son influence dans le corps ; et deuxièmement, parce que, s'agissant d'une sécrétion animale, les résultats obtenus sont susceptibles d'être analogues à ceux produits par le mélange d'autres sécrétions avec le sang.

Lorsque le pus est mêlé au sang fraîchement prélevé sur un animal sain, on le trouve d'une manière marquée favoriser la coagulation. Cet effet ne se produit pas immédiatement, comme dans le cas du mélange d'un acide avec le sang ; et j'ai des raisons de croire que là où le sang a perdu sa puissance naturelle de coagulation, aucun changement visible n'y est produit par l'addition de pus. Il semble donc que cet effet dépende plutôt d'une influence vitale que chimique. Dans certains cas, la coagulation a lieu en moins de deux minutes ; dans d'autres, après une période plus longue ; mais dans toutes les expériences faites, l'influence du pus, ajouté au sang, pour favoriser sa coagulation, était suffisamment évidente. Il a été constaté que le pus putride agissait plus rapidement que le pus sain (Exp. 1, *b*), mais le mélange d'eau retardait l'opération ; le résultat, à cet égard, diffère dans une certaine mesure de la conclusion tirée d'une expérience similaire réalisée par Hunter. [7] Les causes qui favorisent habituellement la coagulation hors du corps sont le repos et la séparation du sang en petites quantités. Ces conditions sont, dans une certaine mesure, mises en jeu lors de la circulation du sang dans les capillaires ; et lorsque l'influence du mélange du pus avec le sang n'est pas suffisante pour produire immédiatement la coagulation, on doit naturellement s'attendre à ce que l'effet soit plus facilement provoqué, lorsque ces deux causes supplémentaires concourent à favoriser une telle action. Lorsque le pus introduit est en grande quantité, la coagulation du sang est immédiatement déterminée, et l'entrée du pus dans la circulation est ainsi empêchée. Les expériences VI, VII et VIII, semblent fournir des preuves de la justesse de cette opinion, et montrer que le résultat peut être produit plus rapidement dans les vaisseaux qu'ailleurs. Dans ces cas, l'effet était si soudain que le mélange de sang et de pus se coagulait avant de pouvoir traverser la veine jugulaire, comme l'indiquent l'induration et la sensation de cordon du vaisseau.

Dans l'expérience VIII , l'obstruction formée était suffisante pour résister même à une pression ferme, et dans une grande mesure, sinon complètement, pour empêcher le pus injecté de se frayer un chemin le long de la veine. Le coagulum fut palpé dans le vaisseau pendant l'opération, et y fut retrouvé après la mort. Un effet de la coagulation du sang ainsi immédiatement produite est nécessairement de retenir le sang vicié dans la partie et d'empêcher qu'il ne soit transporté dans le cours de la circulation. Cette intention peut être perturbée, soit par accident, soit à dessein. Le coagulum, comme dans l'expérience VI, peut être brisé pendant le processus de sa formation, ou après sa formation, et les parties qui le composent peuvent être entraînées avec le sang en circulation. Dans un tel cas, la veine dans laquelle le coagulum s'est formé pour la première fois se trouve dans son état naturel (sauf à l'endroit où elle peut avoir été mécaniquement blessée), et des taches sombres de congestion peuvent être trouvées dans des systèmes capillaires éloignés. Si l'on laisse le coagulum subsister, la veine dans laquelle il se forme s'épaissit bientôt ; mais, comme le prouvent les expériences citées, *cet épaississement est l'effet et non la cause de la stagnation du sang vicié dans le vaisseau* .

II. Lorsque le sang coagule dans une cavité séreuse, une mince pellicule se forme à sa surface, et, s'épaississant par le dépôt de la fibrine du sang, forme un kyste qui circonscrit complètement l'épanchement. Ce point n'a probablement pas reçu l'attention qu'il mérite ; et comme nous pensons qu'il est d'une importance primordiale dans l'étude du présent sujet, un court espace sera consacré à l'objectif de l'établir pleinement et de retracer ses liens avec d'autres changements ultérieurs. Chaque couche de lymphe observée lors de la dissection a peut-être trop généralement été considérée comme le résultat d'une inflammation ; et c'est pourquoi il y a eu une confusion dans les termes employés. Que la lymphe puisse dériver directement du sang et se déposer sous forme de membrane, sans être sécrétée par aucun vaisseau, a été pleinement démontré par un article des Medico-Chirurgical *Transactions* . [8] De telles couches de lymphe prennent tellement l'apparence d'autres, dérivées de la sécrétion de capillaires enflammés, qu'elles ont été décrites comme identiques. Mais le mode de leur formation dans les deux cas est tout à fait différent. Dans le premier cas, le processus est local, limité au sang lui-même, puis à la membrane avec laquelle il se trouve en contact. Dans l'autre cas, c'est un effort de constitution, accompagné de symptômes constitutionnels. Le premier de ces processus a été clairement décrit par Hunter. En décrivant le processus d'union par la première intention, « Coagulation », dit-il, « j'imagine procéder exactement selon le même principe que l'union par la première intention. C'est une particule qui s'unit à une particule par l'attraction de la cohésion, ce qui, dans le sang, forme un solide ; et c'est ce coagulum s'unissant aux parties environnantes qui forme l'union par la première intention : car l'union par la première intention n'est que les parties vivantes séparées, soit naturellement, soit par l'art, formant une attraction réciproque de cohésion avec le coagulum intermédiaire, qui admet immédiatement des relations mutuelles et, pour ainsi dire, un seul intérêt. [9] "Quand le sang s'est coagulé, de manière à adhérer aux deux surfaces et à les maintenir ensemble, on peut dire que l'union a commencé." [10] "Le médium unificateur devient immédiatement une partie de nous-mêmes, et les parties n'en étant pas offensées, aucune irritation n'est produite." "Si la quantité de sang extravasée est grande, ce n'est pas l'ensemble qui deviendra vasculaire, mais seulement la surface qui est en contact avec les parties environnantes." [11] Le processus ainsi décrit en termes généraux peut avoir lieu dans des cavités séreuses. Dans la troisième planche à la fin de l'ouvrage de M. Hunter, est représenté un coagulum de sang adhérant à la *tunique vaginale* . "L'adhésion était ferme, même si elle admettait une séparation à une extrémité ; une fois séparées, on voyait des fibres courir entre elle et le testicule."

Il semblerait inutile de s'attarder davantage sur ce processus si certaines des plus hautes autorités chirurgicales, tant ici que sur le continent, ne l'avaient décrit comme identique à l'inflammation adhésive. Ainsi Bichat [12] dit : « La cicatrisation des plaies veineuses après saignement est une conséquence de l'inflammation ». Or, on prétend que lorsque le sang coagule, soit dans des cavités séreuses, soit dans des veines, le processus d'union n'est généralement pas un processus d'inflammation, ni un processus dans lequel les pouvoirs de la constitution sont appelés à une activité accrue. Il est vrai que dans les deux cas, une inflammation peut avoir lieu, et de la lymphe, comme résultat d'une telle inflammation, peut être sécrétée ; mais ce n'est que lorsque, pour reprendre les termes de M. Hunter, « l'intention première » n'a pas été réalisée. [13]

Lorsqu'une couche membraneuse de lymphe se dépose à partir du sang épanchement, elle adhère avec une certaine fermeté à la surface avec laquelle elle est en contact ; mais comme il n'y a d'abord aucune connexion vasculaire établie entre eux, on peut le séparer, laissant la partie à laquelle il adhérait dans son état naturel. Par contre, la lymphe dérivée d'une inflammation adhésive, lorsqu'elle est séparée, laisse la surface sur laquelle elle s'est formée rugueuse et inégale. La fibrine coagulée, lorsqu'elle est déposée récemment, peut ainsi être distinguée de la lymphe épanchée.

Les changements que subit le sang lorsqu'il s'épanche dans les cavités séreuses peuvent également avoir lieu lorsqu'il est retenu dans des veines blessées ou exposées. La coagulation du sang dans de tels cas (Exp. VII et VIII) sert de lien d'union entre les côtés des veines (qui peut être soit temporaire, soit permanent), de manière à empêcher l'entrée de toute matière étrangère dans la circulation. . Lorsque le sang coagule ainsi dans les veines, il peut se produire des changements analogues à ceux mentionnés comme se produisant dans les cavités séreuses. Si la quantité de sang est grande, une fine pellicule se forme d'abord à sa surface (voir Préparations 1523-25 et 1525-64, au Musée de Guy's Hospital). Cette membrane s'épaissit et adhère à la surface interne de la veine (voir planche n° 13, Cooper and Travers' *Surgical Essays* , Part I , et Prep. No. 1736, au Pathological Museum of the College of Surgeons). Il devient alors vasculaire, et enfin si fermement uni à une partie de la circonférence du vaisseau, qu'il en est inséparable, sans lacérer sa membrane qui le tapisse.

Si le vaisseau blessé est petit, ou si l'animal est fort et robuste, tout le sang de la veine peut aussitôt coaguler et s'unir à ses parois. Mais l'économie habituelle de la nature s'exerce ici avec une précision proportionnée à la force du malade. Une simple blessure dans une veine, en cicatrisation par première intention, n'obstruera pas la circulation à travers le vaisseau dans des circonstances ordinaires. Un coagulum se formera, suffisant pour réunir les bords divisés, et la circulation du sang à travers le vaisseau sera ininterrompue ; mais si la plaie ne guérit pas facilement, il peut se former des coagulations qui empiètent plus ou moins sur la cavité de la veine. Il existe alors trois manières par lesquelles un coagulum peut obstruer la circulation dans une veine. 1. Par la couche externe du coagulum formant une membrane qui contient les parties les plus fluides du sang. 2° Par la totalité du sang contenu dans le vaisseau formant un coagulum solide. 3° Par un coagulum adhérant seulement au côté lésé du vaisseau.

Quelle que soit la manière dont le processus de réparation est commencé, il peut être entravé et l'union dissoute. Ceci est pratiquement connu des maréchaux-ferrants ; qui, lorsqu'ils veulent saigner une seconde fois par le même orifice, brisent « l'union par première intention » par un coup sur la veine. Pendant le temps que les parties ne sont unies que par la fibrine du sang, toute violence doit tendre à produire le même effet. Si la constitution est bonne et le pouvoir coagulant du sang intact, l'union peut être fréquemment interrompue, et pourtant être tout aussi souvent rétablie de la même manière. Lorsque, pour une cause locale ou pour une particularité constitutionnelle, l'union par la première intention échoue au siège de la blessure, on peut encore la tenter à une certaine distance en amont de la veine ; et puis nous avons un coagula formé à différentes distances le long du vaisseau. Si ces coagula remplissent la veine, sont fermes et ne sont pas troublés par la violence, l'union peut être complète et le vaisseau scellé à ces parties, même si la plaie primitive suppure. Mais il arrive quelquefois que la même particularité de constitution, ou la même cause locale, qui a empêché l'union à la plaie primitive, peut empêcher l'union complète par la première intention en tout autre point de la veine ; et alors son canal est ouvert à toute sécrétion qui pourrait s'y introduire. Des matières étrangères peuvent ainsi se frayer un chemin le long d'une veine ; mais il existe néanmoins une disposition interdisant qu'il soit diffusé dans la circulation. Il a déjà été démontré que le sang, lorsqu'il est dans un état naturel, a tendance à se coaguler autour du pus et, probablement, de nombreux autres fluides, même hors du corps (Expériences i , v), et que CETTE propriété S'EXERCE dans d'une manière encore plus remarquable dans les vaisseaux vivants (voir Expériences VII , VIII). Les matières étrangères, même après avoir pénétré dans les veines, peuvent alors, par le même moyen, être empêchées de progresser plus loin vers le centre de la circulation. Le processus qui se déroule dans de telles circonstances est strictement analogue à l'union par première intention. Le sang peut coaguler et adhérer aux parois de n'importe quelle partie du système vasculaire. L'union ainsi formée peut être permanente, ou le coagulum peut être de nouveau brisé et transporté avec le sang au cours de la circulation, comme le montre l'expérience VI . Lorsque cela se produit, comme le montre la même expérience, d'autres changements surviennent dans des parties éloignées du corps. Cette tendance à coaguler autour de la matière étrangère une fois imprimée dans le sang ne peut être détruite par la rupture mécanique du coagulum, comme le prouve d'ailleurs le fait déjà mentionné, qu'après une tentative d'union dans une veine (à la suite de l'introduction de corps étrangers) a échoué, une autre tentative est effectuée immédiatement plus haut dans le navire. Dans ces dernières circonstances, on peut trouver une veine partiellement oblitérée en différents points, laissant des intervalles où sont sécrétés de la lymphe ou du pus. Si l'on laisse la matière purulente introduite rester peu de temps dans la veine, aucune inflammation ne se produit (Expérience VI). Mais lorsqu'un fluide irritant y est retenu par suite de la coagulation du sang autour de lui, une inflammation adhésive, ulcéreuse ou suppurative sera excitée (expériences VII et VIII).

La lenteur avec laquelle les veines s'enflamment lorsqu'elles sont coupées, liées ou meurtries, a fait l'objet de commentaires de différents auteurs ; et M. Travers, en particulier, a essayé de concilier « la rareté de sa survenue » avec le caractère rapide et violent de l'inflammation dans certains cas. Quoique, dans des circonstances ordinaires, une veine blessée ne s'enflamme pas, les expériences annexées montrent cependant que du pus introduit dans sa cavité produira une inflammation dans laquelle le système sympathisera. D'autres liquides que le pus produiront sans aucun doute des effets similaires ; mais ceux du pus sont ici particulièrement remarqués, comme offrant une bonne illustration de la série de changements produits par l'introduction de matières étrangères dans le sang.

Quels sont les symptômes qui caractérisent la présence de pus, par opposition aux autres sécrétions sanguines, il serait probablement difficile de les déterminer dans les cas tels qu'ils se présentent dans la pratique. L'examen du sang dans ces cas ne fournit pas de renseignements très satisfaisants ; car les caractères du pus, lorsque le sang s'est une fois coagulé autour de lui, sont si altérés, que je ne connais aucun moyen par lequel on puisse en reconnaître une petite quantité, lorsqu'elle est une fois entrée dans la circulation. Les conclusions tirées des différents faits exposés maintenant sont les suivantes : premièrement, que l'inflammation d'une veine, ou phlébite, n'est pas une partie essentielle de l'affection primaire qui précède les symptômes constitutionnels, même lorsque des matières morbides ont trouvé leur chemin dans la circulation par une veine. . Deuxièmement, lorsque l'inflammation d'une veine se produit, dans certains cas au moins, elle n'est pas la cause, mais la conséquence de l'introduction de matières malades ou étrangères dans le sang. Troisièmement, bien que les veines soient difficilement enflammées par une blessure mécanique, elles sont susceptibles d'une inflammation rapide, accompagnée de désordre constitutionnel, chaque fois que des fluides irritants sont introduits dans leurs cavités.

III. Lorsque les veines principales d'une partie sont obstruées, il est naturel de supposer que des changements doivent se produire dans les veines plus petites qui les alimentent. Ces changements peuvent être attendus à un degré plus marqué, lorsque l'obstruction dépend de la coagulation du sang, que lorsqu'elle provient d'autres causes, puisque le coagulum s'étend ordinairement à plusieurs veines à la fois.

Dans les expériences qui ont été faites sur les animaux, il a été surprenant que, tandis qu'une douleur extrême était manifestée lors de l'injection de fluides irritants dans les veines, relativement peu ou pas de souffrance était produite lorsque des expériences similaires étaient effectuées sur les artères. . Les matières étrangères introduites dans ces cas auraient probablement pour effet de coaguler le sang, comme dans les cas déjà mentionnés. Si cela se produisait dans une artère, l'apport de sang au-dessous de l'obstruction serait diminué ; mais s'il s'agissait d'une veine, le retour du sang serait empêché : dans ce dernier cas, l'afflux continu de sang dans la partie distendrait nécessairement les capillaires.

Dans l'expérience de M. Cruveilhier [14] , consistant à injecter de l'encre dans les veines des chiens, il a constaté qu'en trente-six heures les pattes se gonflaient, et qu'on trouvait un certain nombre de plaques sanglantes (*foyers apoplectiques*) *dans la substance des muscles et des muscles.* les tissus cellulaires du membre. Les grosses veines étaient distendues par du sang coagulé adhérent, et les veines plus petites autour des plaques livides étaient également remplies de sang coagulé. Si on laissait l'animal vivre, les endroits encombrés suppuraient. Les apparences ainsi produites dans les muscles et le tissu cellulaire du membre n'étaient évidemment pas celles d'une action inflammatoire se propageant le long des tuniques des veines, car l'affection dans les capillaires était circonscrite et se terminait brusquement en de nombreux endroits, laissant les veines dans le voisinage immédiat. quartier parfaitement sain; encore moins l'aspect produit pourrait-il dépendre du fait que le fluide injecté parvienne à travers les veines (contrairement au cours de la circulation) jusqu'au système capillaire ; il ne pouvait pas non plus dépendre que l'encre se fraye un chemin dans la circulation générale et produise ses effets dans son parcours une seconde fois à travers le membre ; car, sans parler du fait que les capillaires des poumons et d'autres parties seraient également susceptibles d'être affectés, une condition essentielle du succès de l'expérience aurait été que le fluide injecté ne devait pas se frayer un chemin le long de la *veine* dans le cours habituel du sang. Nous concluons donc que c'était la coagulation du sang dans les grosses veines qui provoquait la congestion des capillaires, ces veines restant indemnes et pouvant évacuer leur contenu par quelque canal collatéral.

Dans les cas de phlegmasia dolens après l'accouchement, le même principe peut parfois être retrouvé ; ainsi, dans une dissection pratiquée par M. Lawrence [15] , les veines iliaques externes et communes étaient remplies d'une substance semblable au coagulum feuilleté d'un anévrisme. "Le tube était complètement obstrué par cette matière, adhérant aussi fermement que le coagulum à n'importe quelle partie d'un vieux sac anévrismal. En son centre se trouvait une cavité contenant environ une cuillère à café de liquide épais, de la consistance du pus, d'un rouge brunâtre clair. teinte et aspect pultacé. La veine fémorale était dans ce cas également remplie d'un coagulum ; mais, comme on l'observe dans le récit de la dissection, la couleur rouge de cette veine pourrait avoir été causée par le caillot partout en contact avec elle, et ne peut donc pas être considérée comme une preuve d'inflammation.

M. Guthrie [16] a publié un cas d'inflammation des veines après amputation, ressemblant à une phlegmasia dolens, dans laquelle les veines du membre opposé étaient atteintes jusqu'au pied. Dans ce cas, les quatorzième et quinzième jours après l'amputation de la cuisse droite, la jambe gauche commença à enfler et devint intolérablement douloureuse. « Le gonflement était élastique, cédant à la pression du doigt, mais ne ressemblait en rien à un membre œdémateux. *Après un examen attentif, aucune douleur n'a été ressentie dans le trajet des vaisseaux iliaques de ce côté* ; le moignon avait l'air bien, sauf en un petit point, correspondant à la terminaison de la veine fémorale. Lors de l'examen après le décès, la terminaison de la veine à la surface du moignon *était ouverte* et dans un état spongieux. A l'aine gauche, la veine iliaque était fortement distendue par du pus. Sir Henry Halford [17] a également mentionné trois cas de ce qu'il a appelé flegmasia dolens, survenant chez l'homme, dans l'un desquels la veine iliaque a été trouvée oblitérée après la mort. Dans ce cas, le patient souffrait, plusieurs années avant son décès, d'un gonflement de la jambe et de la cuisse gauche. A l'intérieur du vaisseau oblitéré, il y a un coagulum qui a perdu sa couleur et est devenu ferme et complètement adhérent à la surface intérieure de la veine. (Voir Prep. No. 1732, Path. Mus. Coll. of Surgeons.) Le gonflement rapide et la douleur générale du membre dans de tels cas indiquent une obstruction soudaine de la circulation, tandis que l'absence de sensibilité dans le trajet des vaisseaux au cours des premiers stades de la maladie, tend à montrer que le contenu des vaisseaux, et non les vaisseaux eux-mêmes, s'intéresse avant tout à sa production.

Les remarques qui précèdent ont paru nécessaires pour expliquer une circonstance mentionnée par Hunter, sur laquelle une importance considérable a été accordée par les auteurs ultérieurs. M. Hunter a observé que tout le côté de la tête des chevaux qui avaient été saignés devenait fréquemment enflé et enflammé. L'explication de ce fait paraît très simple, si on la considère par rapport au principe général illustré par les cas ci-dessus. Le cheval n'a qu'une seule veine jugulaire de chaque côté ; et, bien que dans l'opération habituelle de saignement, son canal ne soit pas obstrué, cependant si la plaie ne guérit pas facilement, son contenu coagulera. La circulation sera alors obstruée dans toutes les branches éloignées, et le sang, s'il est retenu longtemps, s'y coagulera aussi. Il se séparera alors de son sérum, et donnera naissance à tous les symptômes de l'inflammation dans les vaisseaux éloignés ; un gonflement pulpeux et élastique, accompagné d'une grande douleur, sera alors le symptôme principal, tandis que la turgescence en surface sera moindre qu'à l'endroit où les veines superficielles auront été mécaniquement comprimées. Il arrive cependant très-fréquemment qu'une veine d'une partie soit sentie distendue sans qu'aucun symptôme d'inflammation soit présent ; et, dans d'autres cas, la douleur et l'enflure apparaîtront et disparaîtront trop rapidement pour permettre l'idée qu'ils dépendent d'une inflammation des tuniques de la veine. Il est arrivé à l'auteur de sentir une veine dans le bras et la main distendue pendant la vie, et après la mort, de la trouver vide, et ses tuniques ayant leur couleur et leur épaisseur naturelles ; dans ce cas, le coagulum cède, se désagrège et se mélange au sang circulant.

IV. Lorsque le pus, ou autre liquide malade, est confiné à la cavité d'une veine, les symptômes constitutionnels produits sont relativement légers, tant qu'ils restent limités et circonscrits par un coagula adhérent ; c'est-à-dire de manière à être exclu du reste du système circulant. (Comparez la fréquence de la respiration dans les expériences VI et VII.) Mais la tendance d' un caillot de sang est de se contracter ; et un moment vient où le coagulum se brise ou se rétrécit, de sorte que si aucun autre changement ne se produit, le courant du sang dans la veine est rétabli. [18] Cependant, entre-temps, les enveloppes des veines ont subi des changements correspondant au degré d'irritation produit par les fluides contenus, et à l'intention ou au résultat auquel tend l'inflammation. Si les coagula sont restés longtemps, les tuniques des veines se trouvent toujours épaissies, quelquefois jusqu'à trois ou quatre fois leur épaisseur naturelle, et quelquefois jusqu'à oblitérer complètement les vaisseaux. On constate parfois que le contenu des veines consiste, autant qu'on peut le voir, simplement en sang coagulé ; d'autres fois, on les trouve remplis d'un coagula mou et jaunâtre, privé plus ou moins parfaitement de sa matière colorante ; plus rarement, on trouvera la cavité d'une veine remplie de couches membraneuses de couleur foncée, laissant encore un canal à travers le vaisseau ; et parfois, on le trouvera complètement obstrué par « des membranes denses, de couleur foncée et bleuâtres ».

A mesure que le coagulum se contracte dans une veine, si l'on veut oblitérer le vaisseau, ses côtés se rapprochent progressivement. Dans les petites veines et dans les extrémités divisées des grosses veines, les côtés sont bientôt complètement rapprochés. Mais ces derniers, s'ils ne sont pas blessés, peuvent retenir longtemps (voir Prep. 1732, Path. Mus., Coll. of Surg.) du sang coagulé dans leurs cavités contractées, mais non complètement fermées. Dans les deux cas, les coagulas qui ferment les veines sont susceptibles d'être déplacés par accident, ou de voir leurs adhérences se détacher par les modifications qu'ils subissent. La position d'une veine et la structure de l'organe qu'elle traverse peuvent être défavorables à sa saine réparation. Le processus de réparation se poursuit fréquemment lors d'un écoulement continu de sang sur la pièce, et parfois sous l'action constante des muscles du voisinage : d'autres fois, une veine blessée sera située immédiatement dans le pli d'une articulation et sera être sujet à être continuellement plié et étendu avec les mouvements du membre. Dans la structure des os, les veines se trouvent dans des canaux inflexibles, et sont par conséquent privées de l'assistance que procure le rapprochement de leurs côtés, comme dans les parties molles, pendant le processus de réparation. Comme le coagula se contracte dans un pareil cas, il y a danger que la liaison par première intention ne soit troublée, et que les cavités des veines lésées restent exposées.

De même, dans l'utérus non contracté après l'accouchement, les veines qui s'ouvrent à la surface du placenta traversent la texture ferme de l'organe et sont incapables de se contracter indépendamment de la structure musculaire qui les entoure. Les coagula qui ferment leurs extrémités les garantissent contre l'entrée de toute matière étrangère ; mais si ces coagula sont enlevés avant que les vaisseaux ne soient autrement protégés, leur bouche ouverte est exposée aux sécrétions que l'utérus peut contenir. Dans ces cas, si un coagulum n'est pas solidement formé, ou s'il est déplacé par violence, il peut être brisé et des parties de celui-ci se mélangent au sang liquide. Des coagula ultérieurs peuvent se former dans les veines et offrir de nouvelles obstructions à l'admission de toute matière étrangère, mais ceux-ci peuvent, comme dans le premier cas, être perturbés et transportés, avec tout mélange des sécrétions de la partie, au cours de la vie. la circulation. L'époque à laquelle se dissout la réunion d'un coagulum dans une veine est quelquefois marquée avec une grande précision. Dans un cas rapporté par le Dr Davis, [19] un patient était en convalescence d'une crise de phlegmasia dolens, lorsque la mort survint instantanément, alors que le patient était en train de changer de position assise pour se mettre en position couchée ; la veine iliaque externe gauche était épaissie et sa tunique interne était constellée en plusieurs endroits de dépôts de lymphe adhérente. La partie la plus remarquable par cette incrustation, ainsi que par d'autres maladies, était immédiatement au-dessous du ligament de Poupart ; la veine, quoique contractée, était *manifestement perméable* .

V. Il a été démontré dans les sections précédentes que les sécrétions mêlées au sang altéreront ses propriétés et influenceront la période de sa coagulation : que lorsque le sang est ainsi altéré, il peut traverser un vaisseau sans laisser aucune trace de sa coagulation. passage; mais que s'il coagule et reste dans une veine, les enveloppes du vaisseau prendront alors une action accrue. Dans de tels cas, la cause excitante de l'inflammation semble être transmise aux vaisseaux eux-mêmes par le contenu des vaisseaux. Mais, comme dans les examens post-mortem, les modifications produites dans les vaisseaux sont beaucoup plus faciles à reconnaître que les altérations de leur contenu, les premières ont, ces dernières années, presque exclusivement occupé l'attention des pathologistes. Les cas dans lesquels les symptômes constitutionnels suivent une inflammation des veines se divisent principalement en trois grandes classes. 1. Ceux dans lesquels l'une des plus grosses veines a été ouverte. 2. Ceux dans lesquels une partie de l'os a été impliquée dans la lésion originale. 3. Ceux qui surviennent après l'accouchement.

Dans chacune de ces trois classes de cas, on constatera qu'une libre communication existe entre la partie lésée et la circulation générale. Le moyen naturel de sceller cette communication, lorsqu'elle n'est plus convenable, est la coagulation du sang dans les veines de la partie lésée. Lorsque, à cause de quelque affection constitutionnelle ou de quelque particularité locale de structure, cette intention ne se réalise pas, un passage facile reste ouvert, par lequel le sang peut s'infecter. Quand du pus a été injecté dans les veines, il est arrivé fréquemment qu'aucun grand trouble constitutionnel et aucun signe d'inflammation secondaire ne se soient produits ; mais on pense que cela dépendait du fait que le coagula dans les veines avait empêché (comme cela s'est probablement produit dans les expériences VII et VIII) les matières étrangères de se frayer un chemin le long des vaisseaux. Mais si cette obstruction n'est pas offerte ou est surmontée, alors l'apparition d'une inflammation secondaire, accompagnée des symptômes constitutionnels correspondants, se produira.

Si de l'eau est injectée dans la structure spongieuse de l'os, elle s'écoulera en gouttes par les ouvertures des vaisseaux nutritifs. La communication facile qui existe ainsi entre l'intérieur des os et les veines n'a été que trop souvent illustrée par les expériences de M. Cruveilhier consistant à introduire du mercure dans leur structure spongieuse et à le retrouver ensuite dans le système vasculaire. Ce fait prend une importance particulière, lorsqu'on le compare à la très grande proportion de cas dans lesquels certaines parties d'os se révèlent avoir été impliquées dans la lésion primaire, chez ceux qui sont morts d'inflammations secondaires. Sur cinquante-deux cas consécutifs, survenus dans la pratique chirurgicale d'un hôpital, dont j'ai conservé des notes, dans pas moins de quarante et un, une partie du système osseux était impliquée.

Encore une fois, dans la troisième classe de cas mentionnés ci-dessus, si la veine cave est injectée après l'accouchement, l'injection se répandra très rapidement dans l'utérus. [20] La communication facile qui existe ainsi entre le système vasculaire et l'affection locale, dans chacune des trois grandes classes de cas qui donnent habituellement lieu à une maladie ultérieure, fournirait à elle seule au moins une coïncidence très remarquable. Mais des preuves plus directes se présentent de la façon dont l'organisme se contamine dans ces affections : ainsi, après une opération pour des tumeurs hémorroïdaires, on a constaté un épanchement de lymphe et de pus dans les veines hémorroïdaires, [21] d'où les mêmes apparences . ont été attribuées à la veine mésentérique inférieure, et la gravité de l'affection secondaire, indiquée à la fois par les symptômes et par les aspects post mortem, s'est portée sur le foie.

Ces circonstances tendent toutes à indiquer que le système veineux est le moyen par lequel la matière morbide est introduite dans de tels cas : et les faits encore plus concluants fournis dans la production d'une maladie secondaire, par l'injection de fluides dans les veines, [22] permettent à peine d' envisager une Il ne reste aucun doute que les veines non protégées sont les canaux, dans une très grande proportion de cas, par lesquels le sang s'infecte.

VI. La structure spongieuse de l'os peut être comparée au tissu cellulaire des parties molles. Lorsqu'il est enflammé, ses intervalles sont remplis par un épanchement des vaisseaux, et un abcès peut être circonscrit avec autant de précision dans les structures dures que dans les structures molles du corps. Dans une constitution saine, l'inflammation adhésive précédera ainsi toujours l'inflammation suppurative ; mais là où l'inflammation n'est pas circonscrite par une adhésion, les sécrétions peuvent pénétrer de cellule en cellule par parties non adhérentes. Dans les structures molles, il existe un remède pour permettre à la matière de s'échapper, par une libre division des parties ; mais dans les os, où la même chose se produit, les côtés durs et inflexibles offrent une obstruction efficace à l'échappement de tout liquide épanché. Les cellules de l'os peuvent alors s'infiltrer, et, à moins que les veines de la partie ne soient fermées, rien n'empêche les sécrétions malades de se frayer un chemin dans la circulation.

M. Cruveilhier assure qu'une seule goutte de mercure introduite dans la structure spongieuse de l'os vivant peut ensuite être détectée dans les capillaires du poumon, où elle devient le centre d'une ou de plusieurs plaques de congestion livide. Cette expérience semble fournir une illustration parfaite de la manière dont une sécrétion malade peut être transportée dans la circulation, lorsque les processus naturels de réparation des os ont avorté. Ces processus sont les mêmes dans les os que dans les autres structures du corps ; à savoir, union par première intention et inflammation adhésive. Dans les parties molles, à mesure que la fibrine, qui forme le lien d'union dans la première, est absorbée, les veines divisées s'effondrent et restent ainsi fermées ; mais dans les structures osseuses, où les vaisseaux blessés sont maintenus ouverts, à mesure que la fibrine qui fermait d'abord leurs extrémités est enlevée, leurs canaux peuvent être laissés autant ouverts aux sécrétions malades de la partie, qu'au globule de mercure de M. L'expérience de Cruveilhier.

Le faible degré d'organisation de l'os et la lenteur relative avec laquelle les actions s'y accomplissent le rendent, à un degré particulier, sujet à des interruptions dans le processus de réparation ; surtout quand, comme cela arrive assez souvent, il y a des raisons de croire que la vitalité d'une partie quelconque de l'os a été menacée. L'odeur désagréable de l'os, ainsi que l'aspect de sa structure spongieuse infiltrée de matière puriforme, montreront fréquemment dans de tels cas que les processus ci-dessus nommés n'ont pas suivi leur cours naturel.

VII. Par déduction nécessaire des expériences qui l'accompagnent et de celles de M. Cruveilhier, auxquelles il a été fait allusion dans la section précédente, nous arrivons à la conclusion qu'un état vicié du sang peut donner lieu à une inflammation des veines dans différentes parties du corps. . On verra que les circonstances qui accompagnent parfois la réparation des veines utérines après l'accouchement conduisent à la même conclusion ; et la même proposition générale trouvera un nouvel appui dans l'examen de cette classe de cas.

Les veines qui aboutissent à la surface placentaire de l'utérus sont nécessairement ouvertes lorsque cet organe est distendu, et deviennent plus ou moins parfaitement fermées lorsqu'il se contracte. Dans les cas où la contraction est incomplète, d'innombrables orifices à bouche ouverte restent baignés de sécrétions souvent désagréables et en décomposition ; la protection naturelle des vaisseaux est donc la coagulation du sang qui s'y trouve. Si elles sont examinées, les veines utérines seront trouvées remplies de coagula sur une certaine distance. Mais dans les cas où ce pouvoir est altéré, toutes les veines et artères utérines récemment séparées du placenta peuvent se trouver baignées dans les sécrétions de la partie, dans les circonstances les plus favorables à leur absorption . Le passage des sécrétions malades à travers les vaisseaux ne peut pas toujours être suivi dans cette forme, pas plus que dans les autres formes de la maladie. Plusieurs des substances introduites artificiellement dans la circulation par M. Gaspard n'ont produit aucune action sur les enveloppes des veines qu'elles traversaient, et cependant les symptômes généraux étaient exactement semblables à ceux provenant d'une véritable phlébite. D'après cela, on peut observer que les veines utérines se trouvent souvent parfaitement saines, lorsque les veines spermatiques, ou rénales, ou encore plus éloignées, sont complètement désorganisées. Dans les deux cas, l'état sain des veines voisines de la lésion primitive interdit l'idée d'une inflammation se propageant le long de l'enveloppe des vaisseaux, tandis que toute analogie paraît en faveur d'une transmission de la maladie par leur contenu.

Dans un certain nombre de cas, on ne trouvera aucune lésion dans aucune des veines du corps, mais on trouvera dans les veines utérines quelque liquide non naturel ; d'autres fois, des coagulations de sang, qui ont perdu leur élasticité, granuleuses au toucher, et d'aspect grisâtre ou brun clair, se retrouvent remplissant les veines ou y laissant des intervalles où l'on peut reconnaître de la lymphe ou du pus. Il importe peu que les fluides non naturels, ainsi trouvés dans les vaisseaux utérins, aient été absorbés de la cavité de l'utérus, ou soient le produit d'une inflammation veineuse. L'effet sur le sang serait dans les deux cas le même.

Lorsque des obstructions se forment dans les veines spermatiques, elles ne sont indiquées par aucun symptôme externe ; mais lorsque les veines débouchant dans l'iliaque interne sont affectées de la même manière, les coagula sont susceptibles de s'étendre dans sa cavité, et même au-delà jusqu'aux vaisseaux iliaques externes et communs. Le libre retour du sang du membre inférieur sera alors empêché. Les effets de ceci ont déjà été décrits (sec. III.)

Le lien entre cette forme de maladie et des affections touchant des parties éloignées du corps a été remarqué par plusieurs écrivains éminents. Legallois a exprimé sa conviction que la phlegmasia dolens, la fièvre puerpérale et beaucoup d'autres affections puerpérales dépendent uniquement de l'absorption du pus de la surface utérine. Cette opinion semble avoir été formée à partir d'une généralisation trop hâtive, dans la mesure où d'autres fluides que le pus, ainsi que l'ont démontré certaines des expériences annexées, peuvent produire des effets similaires sur le sang. Mais il faut admettre que le pus, une fois absorbé, déterminera la coagulation du sang dans les veines iliaques ainsi que dans les autres veines ; et on ne saurait nier que les symptômes de la circulation veineuse obstruée, résultant de cette cause, ressembleront exactement à ceux de la phlegmasia dolens.

" Outre les dépôts de pus dans certaines parties du corps ", observe le Dr Ferguson, " j'ai vu deux autres états du membre, qui sont liés et attribuables à la cause à l'origine de la fièvre puerpérale. Dans l'un d'eux, la maladie ressemble à érysipèle... ; dans l'autre, la jambe est atteinte d'une maladie qui ressemble si exactement à la phlegmasia dolens, qu'elle ne laisse aucun doute dans mon esprit qu'il s'agit d'une seule et même maladie. Dans cette forme, comme dans d'autres formes de la maladie, il peut y avoir une tendance à la gangrène de la peau.

La période d'apparition de ce qu'on a décrit sous le nom de phlébite utérine est marquée avec beaucoup de précision, et l'affection du système est souvent générale et soudaine. On peut affirmer, d'après toutes les observations faites jusqu'ici, qu'elle survient le plus souvent du 10e au 20e jour après la parturition. [23] Si l'inflammation dans de tels cas se propageait uniquement le long du vaisseau, il serait difficile d'expliquer un choix de temps aussi apparemment capricieux pour son développement. Cette difficulté disparaît cependant lorsqu'on observe que la période est aussi strictement conforme à l'époque où les mêmes symptômes surviennent après d'autres affections locales, et qu'elle est en outre l'époque à laquelle le coagula formé dans les veines peut naturellement se produire. on s'attend à ce qu'elle rétrécisse.

On a observé que l'inflammation après l'accouchement attaque ordinairement les veines spermatiques seules, et pour la plupart seulement celle du côté de l'utérus auquel le placenta est attaché. Les veines hypogastriques sont relativement rarement touchées. Les aspects observés lors de la dissection dans la veine spermatique se terminent généralement brusquement à son ouverture dans la veine cave du côté droit, ou dans la veine rénale du côté gauche. Ce fait est en parfait accord avec celui observé par M. Arnott, que le coagulum dans les veines ne s'étend ordinairement que jusqu'à la branche collatérale la plus proche ; l'explication semble être la même dans les deux cas, comme l'illustre l'expérience VI . Si le sang coagulant n'est pas dérangé, il formera des adhérences sur les parois du vaisseau et produira une action accrue dans ses parois ; mais s'il est mécaniquement perturbé, il sera poursuivi avant que le processus de coagulation ne soit terminé et laissera la veine dans son état naturel. Lorsqu'une partie quelconque d'une veine est obstruée, le sang est maintenu au repos entre l'obstruction et la branche collatérale suivante ; et, s'il est disposé à coaguler, rien ne s'oppose à une telle action. Mais le cas est différent, dès qu'une veine débouche dans une autre. Un nouveau courant de sang balaie alors continuellement l'orifice du vaisseau obstrué ; et, même si le sang, à cet endroit, aurait tendance à coaguler, il se poursuivrait dans le cours de la circulation, avant de pouvoir adhérer aux parois de la veine libre. La cessation soudaine des phénomènes pathologiques dans ces cas fournit une preuve supplémentaire que le sang est le moyen par lequel cette affection se transmet. Il est vrai que dans de tels cas, le liquide malade ne peut pas être toujours, ni même généralement, suivi dans les veines, et de très nombreux cas surviennent où un placenta retenu et putride, ou un coagula en décomposition, reste en contact avec l'embouchure des veines utérines. sans qu'aucun des symptômes d'une phlébite locale ne se produise ; mais cela n'est conforme qu'à ce qu'on observe dans les cas où des liquides purulents ou autres ont été directement injectés dans le sang. L'examen du sang ou des vaisseaux, dans de tels cas, n'indiquera en aucun cas invariablement la présence de corps étrangers une fois qu'ils auront été complètement mélangés au sang, et une inflammation de la veine à travers laquelle passe le liquide ne sera pas non plus détectée. par tous les moyens invariablement produit.

Lorsqu'une substance étrangère est introduite dans une artère, les effets immédiats sur le sang peuvent naturellement être recherchés dans le système capillaire qu'elle alimente. Si le sang coagule alors, seuls des symptômes locaux se produiront d'abord, et la constitution restera inchangée. M. Magendie, [24] affirme en effet que les fluides injectés dans les artères des animaux reviennent promptement par les veines correspondantes, et que cela se fait plus rapidement encore chez les vivants que chez les morts. Si cela était universellement vrai, peu importe que des corps étrangers soient introduits dans le système artériel ou veineux. L'effet sur la constitution serait le même dans les deux cas. Mais si, comme on le prétend maintenant, des matières étrangères introduites dans le sang peuvent, dans certaines circonstances, produire sa coagulation, alors les effets se limiteront plus ou moins complètement au premier système de capillaires que le sang rencontre dans l'état naturel. cours de sa circulation, et la constitution ne sera affectée qu'en conséquence des changements qui s'opèrent alors. M. Gaspard a montré que les fluides gras, et ceux qui contiennent des sédiments, ne parviennent pas facilement des petites artères aux veines. Ils s'enchevêtrent dans les capillaires intermédiaires et y produisent d'abord des plaques de congestion locale, puis des épanchements séreux et des abcès. Certains fluides clairs, au contraire, tels que les solutions de tartre émétique, d'opium et de nux vomica, introduits dans une artère, passent facilement dans le cours de la circulation et produisent tout leur effet sur la constitution ; et dans de tels cas, aucune irritation ne se manifeste dans les capillaires par lesquels ils passent. Le premier de ces poisons produit des vomissements et des purges, le deuxième la stupeur et le troisième la rigidité tétanique, exactement de la même manière que s'ils avaient été introduits dans l'estomac ou injectés dans une veine.

Il existe encore une autre classe de substances qui diffèrent par leurs effets des deux premières ; et sous cette rubrique sont classés les infusions de tabac, les solutions d'acétate de plomb, les liquides putrides, etc. Ceux-ci se distinguent de la première classe mentionnée ci-dessus, comme n'offrant en eux-mêmes aucun obstacle mécanique à la circulation du sang, et de la seconde , comme ne produisant pas les mêmes symptômes constitutionnels lorsqu'il est injecté dans une artère que lorsqu'il est jeté dans une veine. M. Gaspard a constaté que, introduite dans une artère, l'infusion de tabac ne produisait ni vomissements ni stupeur, que la solution d'acétate de plomb n'agissait pas sur les intestins, et que les liquides putrides ne produisaient pas les évacuations ordinairement observées après leur introduction dans une artère . le système par d'autres moyens. Cependant, toutes ces substances produisaient une violente irritation locale dans les parties auxquelles les branches de l'artère injectée étaient distribuées, et les symptômes constitutionnels étaient ceux produits par suite de l'irritation locale, et non ceux qui résulteraient directement de l'irritation locale. action de ces poisons sur le système.

Dans l'expérience XX , sept ou huit pouces cubes d'air commun ont été progressivement injectés dans l'artère carotide d'un chien, et une demi-heure après, une once d'eau, à laquelle soixante-dix gouttes d'acide prussique médicinal avaient été ajoutées, a été jetée dans la même navire; aucun des effets particuliers du poison ne suivit cette opération. Au bout d'un autre quart d'heure, on injecta également une once d'une solution saturée de nux vomica, toujours sans produire aucun symptôme constitutionnel. Il est très remarquable dans cette expérience, que M. Gaspard [25] ait considéré que l'élasticité de l'air contenu dans les vaisseaux était suffisante pour contrecarrer l'élan du sang, et pour empêcher ainsi la progression du poison le long des vaisseaux. , surtout quand on le retrouve affirmer que, lors d'une autopsie, les petits vaisseaux semblaient avoir été *obstrués par des caillots de sang très durs* .

EXPÉRIENCE I.

(*une*). Le 25 septembre 1848, après m'être procuré quatre petits vases de grandeur égale, je mis dans le premier de l'acide sulfurique dilué, dans le second du pus nauséabond, et dans le troisième de l'eau. Le quatrième navire est resté vide. On les réchauffait ensuite tous également, et on recevait dans chacun d'eux du sang provenant de la veine jugulaire d'un cheval sain, afin de les remplir au même niveau. Ils étaient maintenant mélangés avec des morceaux de bois séparés. Au bout de deux minutes (constaté par une montre), le contenu du deuxième récipient s'était coagulé en une masse uniforme. Le contenu du premier récipient (contenant l'acide) était épaissi et de couleur brun foncé ; dans les troisième et quatrième coupes, le sang était de sa fluidité naturelle, mais de couleur plus foncée dans la coupe contenant l'eau que dans l'autre. Au bout de dix minutes, le sang contenu dans la quatrième coupe avait commencé à coaguler ; le sang et l'eau restaient encore fluides. Au bout d'un quart d'heure, le sang était complètement coagulé dans la quatrième coupe, qui ne contenait que du sang ; et avait très partiellement coagulé dans la troisième coupe contenant le sang et l'eau.

(*b*). Quatre récipients ont été pris, chacun capable de contenir trois onces liquides. Dans le premier, on mit une demi-once d'eau froide, dans le second une demi-once d'acide sulfurique dilué, et dans le troisième une demi-drachme de pus tout à fait frais et sucré. Tous les vaisseaux furent alors rapidement remplis de sang, provenant de la veine jugulaire d'un cheval. Le contenu de chaque récipient a été agité. Le sang et l'acide sulfurique dilué s'épaississent et changent de couleur presque immédiatement, comme dans la première expérience, mais ne coagulent pas. Le pus et le sang coagulaient en six minutes, et la masse était ferme en sept minutes. Le sang pur coagulait en douze minutes et était ferme en seize minutes. Le sang et l'eau ont coagulé à peu près en même temps, mais ont mis dix-neuf minutes à se raffermir.

Les expériences ci-dessus et les suivantes ont été faites à la suggestion de l'auteur, en collaboration avec MTW Mayer, [26] vétérinaire.

EXPÉRIENCE II.

Un abcès fut ouvert à l'aine et une quantité de pus reçue dans un gallipot ; du sang provenant des vaisseaux divisés était également reçu dans le même vaisseau ; on les mélangea ensuite, et en deux minutes la masse coagula. Du sang prélevé sur le même malade de la même manière, mais non mêlé de pus, coagula en onze minutes et demie.

EXPÉRIENCE III.

Le 20 janvier 1849, un abcès enflammé et suppurant s'ouvrit, et le sang et le pus qui en coulaient se mêlèrent. Ils ont coagulé en deux minutes et vingt secondes. Cette expérience a été répétée plusieurs fois, avec des résultats presque similaires.

EXPÉRIENCE IV.

En juin 1849, une tuméfaction tendue et enflammée fut ouverte dans le périnée d'un patient qui avait travaillé pendant des années sous un rétrécissement très obstiné. Une quantité de matière s'échappa d'abord, puis du sérum, mêlé de lambeaux de lymphe et de petites quantités de pus et de sang, continua à couler pendant quelque temps. Des portions de ce fluide mélangé étaient reçues dans des récipients séparés ; ils ont coagulé en moyenne en deux minutes environ.

EXPÉRIENCE V.

Deux onces et six drachmes de sang ont été prélevées sur un cheval sain, et deux drachmes de pus y ont été mélangées. La masse coagula en trois minutes et trois quarts.

EXPÉRIENCE VI.

Un âne mâle en bonne santé, âgé de trois ans, a été obtenu et, avec l'aide de M. Mayer, a fait l'objet de l'expérience suivante, le 23 septembre 1848. Trois drachmes de pus ont été recueillies à partir d'une issue dans le poitrine d'un cheval, qui souffrait d'une inflammation des poumons. Le pus ainsi obtenu était tout pur et tout doux, et, après avoir été réchauffé, on l' injectait au moyen d'une seringue dans la veine brachiale gauche du cul. L'animal resta tranquille jusqu'à ce que presque tout le pus ait été injecté ; il s'est alors débattu, et une petite quantité de pus a pu être perdue. Une fois l'opération terminée, les côtés de la veine étaient rapprochés à l'aide d'une épingle et l'animal pouvait se relever. La veine au-dessus de l'ouverture pouvait maintenant être palpée comme un cordon dur et inflexible, aussi haut qu'on pouvait le tracer avec la main ; mais en exerçant une légère pression, de manière à propulser le sang dans le cours de la circulation, la dureté disparut complètement. La veine qui, immédiatement après l'opération, était dure et saillante, ne présentait plus rien de remarquable au toucher. L'animal se déplaçait maintenant d'un côté à l'autre, comme s'il avait envie de se coucher.

Deux heures et demie après l'opération, le pouls, qui était naturellement de 36, était monté à 60 ; et la respiration de 12 par minute était passée à 26.

24 septembre. Pouls 52 ; respiration 20 ; bouche chaude ; oreilles froides. Le soir, le pouls devenait à 48 et la respiration à 16 ; il toussait de temps en temps.

25ème. Pouls 48 ; respiration 12 ; un certain air terne, mais il est vif et parfois enjoué. La jambe antérieure gauche est enflée ; les oreilles sont très froides. Dans l'après-midi, il a été tué et le sang a pu couler du corps.

Apparitions post-mortem. La plaie de la jambe gauche débouchait directement dans la veine brachiale, qui était remplie de lymphe et d'un pus mince sur une très courte distance, tant au-dessus qu'au-dessous de l'ouverture externe ; immédiatement au-dessus, la veine était saine, et il n'y avait aucune apparence de maladie dans aucune des autres veines du membre, ni dans les veines conduisant au cœur. Les glandes axillaires étaient enflées. Les poumons ont été trouvés irrégulièrement parsemés dans différentes parties, avec des taches circonscrites de congestion livide : celles-ci existaient à la fois sur la surface et dans la substance des poumons ; ils avaient généralement à peu près la taille d'un noisetier, mais en certains endroits ils occupaient un seul lobule et étaient précisément circonscrits par son contour.

EXPÉRIENCE VII.

Le 23 novembre 1848, on injecta environ une once de pus parfaitement pur (préalablement réchauffé) dans la veine jugulaire droite d'un vieil âne ; la veine est immédiatement devenue « cordée » et le sang semblait avoir coagulé dans le vaisseau. L'opération n'excitait pas beaucoup la respiration ; mais le pouls, qui était naturellement de 35 par minute, monta à 60, puis tomba à 55.

24. L'animal abattu; appétit indifférent. La veine peut être tracée comme un cordon épaissi jusqu'au sternum. Respiration 12 (le standard naturel) ; pouls 50.

25ème. Les parties autour de la veine très infiltrées de sérum : pouls 55 ; respiration 12.

26. La plaie du cou commença à suppurer, et un abcès se forma ensuite dans le cours de la veine, à peu près à mi-chemin entre l'ouverture et le sternum. Les symptômes généraux persistèrent, avec de très légères variations, jusqu'au 4 décembre, date à laquelle l'animal fut détruit.

Apparitions post-mortem. On a constaté que la veine jugulaire ne s'était enflammée qu'au cours de la circulation et qu'elle était oblitérée à une courte distance au-dessous de l'ouverture externe. Les environs étaient fortement infiltrés de sérum et de lymphe, et plusieurs abcès s'étaient formés dans le voisinage immédiat. Les poumons ne présentaient pas de zones de congestion bien définies, comme dans la dernière expérience mentionnée .

EXPÉRIENCE VIII.

Un âne sain, âgé de six ans, fut opéré le 16 novembre 1848. La respiration était naturellement de 14 par minute et le pouls de 38. Environ deux onces de pus très offensant, obtenu du sinus frontal d'un cheval, ont été injectés dans la veine jugulaire gauche ; le pus avait été involontairement mélangé à de l'eau avant son injection. La veine s'est remplie pendant l'opération, comme si le sang qu'elle contenait était à l'état semi-coagulé. Le pouls devint alors de 60 et la respiration de 20 en une minute ; de légers frissons sont survenus en deux heures.

17 novembre. L'animal est tranquille ; bon appétit; pouls 48, petit et nerveux ; respiration 16. Le soir, il était un peu plus excité ; la veine s'enflammait vers le bas, vers le cœur ; pouls 60 ; respiration 20.

18 novembre. La veine était plus enflammée, et une légère suppuration était visible à l'orifice de la plaie. Respiration 16 ; pouls 55. De cette période jusqu'au 23, le pouls a continué de 55 à 60, et la respiration a varié de 12 à 18.

26 novembre. Le gonflement de la veine s'atténue rapidement ; pouls 55 ; respiration 12.

L'animal se rétablit peu à peu et, le 26 février 1849, fut l'objet d'une autre expérience. La veine jugulaire droite ayant été ouverte, deux onces liquides de pus pur et sain furent injectées et propulsées au cours de la circulation, par pression sur la veine extérieure. La veine s'est tendue pendant l'opération et a sensiblement résisté aux tentatives faites pour propulser son contenu vers le cœur. *Même une pression forte n'était pas suffisante pour vaincre la résistance opposée au retour du sang.* Peu après l'opération, l'animal eut une raideur ; la respiration devint laborieuse, mais non accélérée ; pouls 57.

Au bout de sept heures, l'animal parut abattu ; il refusait de manger ou de boire ; les extrémités étaient froides ; respiration 16 par minute ; pouls 60, petit et irrégulier.

27 février. La veine peut être ressentie épaissie jusqu'au sternum. Les symptômes généraux sont les mêmes que la veille au soir.

28. Il paraît moins d'irritation constitutionnelle ; pouls 60 ; respiration 14.

2 mars. Appétit encore indifférent ; pouls 60 ; respiration 16.

De cette date jusqu'au 7, date à laquelle l'animal fut détruit, les symptômes généraux continuèrent à peu près les mêmes, mais l'induration et le gonflement autour de la veine jugulaire, depuis l'ouverture jusqu'au sternum, devinrent plus grands.

Apparitions post-mortem. La veine jugulaire gauche a été retrouvée complètement oblitérée. Les restes d'un coagulum ferme obstruaient son canal à quelque distance au-dessous de l'ouverture qui y avait été pratiquée, et se terminaient au-dessous par une partie conique allongée, qui n'adhérait qu'à un côté du vaisseau. Du côté droit, un abcès s'était formé dans le trajet de la veine ; et sur deux pouces, toutes les parties étaient enfoncées dans une masse confuse de pus et de lymphe, dans laquelle il était impossible de distinguer la structure de la veine. Au-dessus et au-dessous, sur plusieurs pouces, la veine était remplie de coagula, ce qui l'effaçait efficacement. Ces coagula s'étendaient sur plusieurs pouces au cours de la circulation ; mais au-delà, dans les deux sens, le vaisseau était perméable. Les poumons présentaient quelques légers points de congestion, mais pas du même type caractéristique que celui observé dans l'expérience VI . Les autres organes étaient sains.

EXPÉRIENCE IX. [27]

Deux drachmes de pus, un peu fétide, provenant d'un gros ulcère commun, et diluées avec un peu d'eau, furent injectées dans la veine jugulaire d'un chien de taille moyenne. L'animal fit aussitôt plusieurs efforts convulsifs pour avaler, et s'évanouit bientôt. Il présentait des signes de douleur et vomissait plus de six fois au cours de la journée. Au bout d'une heure, il parut légèrement soulagé par une évacuation et par des urines troubles. Le soir, c'était très malade ; il était couché sur le côté, les jambes étendues ; avait un pouls très faible et une respiration à peine perceptible. Dix heures après l'expérience, il y avait des mouvements noirs, liquides et extrêmement offensants ; ceux-ci se sont accompagnés d'un soulagement immédiat. L'animal a retrouvé son appétit, a mangé et bu librement et s'est endormi. Le lendemain, tout semblait presque bien. Le troisième jour, on injecta trois drachmes du même pus dans la veine opposée ; après un certain temps, il se produisit, comme dans le premier cas, des évanouissements, des vomissements et un besoin fréquent d'uriner ; douze heures après l'injection, des mouvements fréquents, liquides, blancs et très fétides se produisirent, et l'animal mourut au bout de vingt-quatre heures. A l'ouverture du corps, aucune altération n'a été constatée ni dans les intestins ni dans d'autres organes.

EXPÉRIENCE X.

La dernière expérience a été répétée sur un lévrier avec les mêmes résultats : malaises, fièvre, vomissements et évacuations répétées se sont succédé, avec guérison après la première expérience, mais pas après la seconde. A l'ouverture du corps, aucune lésion n'a été observée, si ce n'est que les lobes inférieurs des poumons étaient gorgés et presque hépatisés.

EXPÉRIENCE XI.

Trois drachmes de pus récent, provenant du même malade que lors des dernières expériences, furent injectées dans la veine jugulaire d'un petit chien émacié et malade. Après l'expiration de trois minutes, il y eut une évacuation abondante d'urine, suivie de vomissements continus et d'efforts répétés et inefficaces pour évacuer les selles. Pendant près d'un quart d'heure, il y eut une sorte d'emprosthotonos, de rigidité des membres et un état proche de la mort. Ensuite de nouveaux vomissements suivirent, avec des évacuations de liquide très fétides, qui furent suivies d'un soulagement apparent ; peu après, cependant, un ténesme prolongé fit son apparition et se termina par la mort, cinq heures après l'injection du pus. A l'ouverture du corps, la membrane muqueuse des intestins était trouvée rouge, gonflée et enflammée, notamment au niveau du côlon et du rectum.

EXPÉRIENCE XII.

Une demi-once de pus, semblable à celui employé dans les cas précédents, mais plus putride, par suite d'une conservation plus longue, fut introduite dans les veines d'un chien de taille moyenne. L'animal, comme dans les autres cas, fut pris de vomissements, accompagnés de violents efforts. Par la suite, des symptômes nerveux très marqués firent leur apparition. Les yeux erraient ; il y avait une sensibilité extrême et des secousses convulsives involontaires dans tout le corps, accompagnées de faiblesses, de hoquets et de brefs cris pitoyables. La marche était instable, chancelante et sans objet apparent. Il y eut un délire furieux, une soif ardente, une dyspnée, des palpitations du cœur, etc. Cet état dura près de deux heures, et l'animal mourut dans d'effroyables convulsions, sans avoir éprouvé d'évacuations critiques, comme dans les premiers cas.

Apparitions post-mortem. A l'ouverture du corps, encore chaud, le sang veineux se trouva très fortement coagulé, ne se détachant pas de son sérum lorsqu'on le laissait au repos ; le ventricule gauche du cœur présentait, sur sa surface externe, quelques taches couleur de lies de vin, formées par une sorte de pellicule concrète, qui ne disparaissaient qu'après de longs frottements et macérations. Les autres organes semblaient sains.

EXPÉRIENCE XIII.

On laissait un peu de bœuf se décomposer dans le sang d'un chien ; une demi-once du liquide résultant de la décomposition fut injectée dans la veine jugulaire d'une petite chienne. Immédiatement, l'animal fit plusieurs efforts convulsifs pour avaler, et devint bientôt opprimé, inquiet et s'évanouit. Au bout d'une heure, il y eut une grande prostration, accompagnée d'évacuations gélatineuses et sanglantes répétées et de vomissements de matière bilieuse.

La force diminua progressivement et l'animal mourut trois heures après l'injection.

Apparitions post-mortem. Les poumons furent trouvés enflammés d'une manière très particulière. Ils étaient gorgés de sang, d'une couleur violette ou noire, et présentaient de nombreuses taches pétéchies, comme de petites ecchymoses. Ces taches existaient aussi sur le ventricule gauche du cœur, dans la rate, dans les glandes mésentériques, dans la vésicule biliaire et même dans le tissu cellulaire sous-cutané. Le péritoine contenait quelques cuillerées d'un sérum rougeâtre ; mais on a constaté que la membrane muqueuse des organes digestifs était principalement affectée. Dans l'estomac, c'était légèrement enflammé. Dans les intestins, mais surtout dans le duodénum et le rectum, elle était d'une couleur livide, présentant de nombreuses taches noires, et recouverte d'une sécrétion gélatineuse et sanglante, ressemblant à de la lie de vin. Les tissus de ces parties étaient légèrement épaissis.

EXPÉRIENCE XIV.

L'expérience précédente a été répétée en injectant dans la veine jugulaire d'un chien de taille moyenne, une once de liquide provenant de la macération de bœuf putride dans l'eau. L'animal a très vite eu des évacuations liquides extrêmement offensives, avec beaucoup d'urine. La respiration devint rapide et profonde, le pouls petit et rapide. Des efforts répétés ont été déployés pour vider les intestins. Il y avait une grande dépression et un manque de force. Au bout d'une heure, une sorte de diarrhée ou de dysenterie se manifesta. Les évacuations liquides, sanglantes et fétides se poursuivirent pendant une heure et demie, lorsque l'animal mourut.

Apparitions post-mortem. Des taches livides, brunes et noires ont été trouvées dispersées sur les poumons. Le canal intestinal était rempli d'une sécrétion muqueuse sanglante, ressemblant à la matière évacuée ; sa muqueuse était d'une couleur livide, comme dans le cas précédent.

EXPÉRIENCE XV.

Deux onces et demie d'un liquide fétide épais, dérivé de la macération de feuilles de chou dans une quantité égale d'eau, pendant deux jours, à une température de 77 Fah., ont été injectées dans la veine jugulaire droite d'un chien de taille moyenne. Pendant l'opération, l'animal fit plusieurs efforts pour avaler, s'évanouit bientôt et vomit plusieurs fois. Quelques heures après, il y eut un grand malaise et une grande oppression, avec récidive des vomissements et un évanouissement continu pendant la journée. Au bout de neuf heures, une évacuation des plus copieuses et des plus fétides eut lieu. L'écoulement était noir comme de la suie et composé de mucus, d'un peu de matières fécales et d'une grande quantité de ce qui paraissait être du sang corrompu. Quelque temps après, il y eut une seconde évacuation de mucus sanglant, exactement semblable à la première. Le lendemain, il y eut une grande perte de force : l'animal resta couché sur le côté, ou chancela en marchant. Il y avait une soif grande et insatiable, avec un petit pouls fébrile. Mais le symptôme le plus remarquable était l'apparition, par intervalles, de palpitations du cœur, accompagnées d'une force et d'un son extraordinaires, ressemblant à ceux produits par une hypertrophie prolongée et continue de cet organe, par suite d'un anévrisme (28) d'une des grosses ^{artères} . Les troisième et quatrième jours, l'animal allait mieux, mais il y avait toujours une grande soif, de la fièvre et des rejets occasionnels de liquides de l'estomac. Le cinquième jour, les symptômes s'aggravèrent ; il y avait une faiblesse extrême, une démarche chancelante, une soif excessive, les yeux rouges et remplis de gencive ; les narines étaient bouchées, enflées et obstruées par du mucus ; et la membrane qui tapissait la bouche était tumidante et d'une couleur rouge violet. Au milieu de la journée, il y eut une évacuation liquide blanc grisâtre, ressemblant à du pus par son odeur, sa consistance et son aspect, mêlé à quelques caillots de sang putrifié. Le décès est survenu la nuit suivante.

Apparitions post-mortem. La membrane muqueuse des yeux, du nez et de la bouche était rouge ou violette et recouverte d'un mucus épais et très abondant. Les poumons étaient de couleur foncée, avec quelques taches noires, mais toujours crépitants. Le ventricule gauche du cœur présentait plusieurs taches brunes, ressemblant à des ecchymoses, qui pénétraient dans ses tissus. Sa surface interne était de couleur lie de vin, offrant un contraste singulier avec celle du côté droit, qui renfermait cependant une concrétion fibrineuse dure, pesant deux drachmes et demie, d'une couleur jaune clair et ressemblant à de la graisse. en apparence. Celui-ci était partout de la même consistance, partout libre, à l'exception d'une partie de la grosseur d'un ongle, qui adhérait à un point irrégulier et apparemment enflammé de la surface interne du ventricule ; aucune apparence du liquide injecté n'a pu être reconnue dans ce caillot. Elle se continuait, de la même couleur et de la même consistance, dans l'artère pulmonaire, dans la veine cave, dans la veine azygos, dans la veine axillaire et même dans la veine jugulaire droite.

La muqueuse intestinale, surtout celle du rectum, du duodénum et d'une petite partie de l'intestin grêle, était d'une couleur rouge violet. Il était enflammé en bandes longitudinales et en plaques, qui donnaient un aspect marbré, même à la surface externe des intestins, avant leur ouverture. Cette décoloration ne s'accompagnait d'aucun épaississement des tissus, ni d'ulcération, et paraissait plutôt le résultat d'ecchymoses ou d'hémorragies. La membrane muqueuse du rectum était principalement touchée et ses glandes muqueuses étaient enflées et très proéminentes. Cet intestin contenait un liquide puriforme, ressemblant à la matière évacuée avant la mort. Les autres intestins contenaient un mucus blanc grisâtre très épais. Les glandes mésentériques étaient enflammées et semblaient infiltrées de sang. La vésicule biliaire était marbrée à sa surface de taches brunes et violettes et contenait une bile noire, épaisse et filante, ressemblant à du goudron fondu.

EXPÉRIENCES XVI ET XVII.

Montrant les effets de l'introduction de Mercure dans une artère.

Une once et demie de mercure mélangé à de l'eau a été injectée dans l'artère carotide gauche d'un mouton. L'animal manifesta immédiatement de la douleur et resta immobile sur ses pattes. La tête était maintenue baissée, il y avait de la stupeur et de la lourdeur, et les yeux étaient saillants et largement ouverts. Les pattes antérieures se fléchirent ensuite et la tête s'inclina sur l'épaule droite avec une sorte de rigidité convulsive qui dura jusqu'à la mort. Deux heures après, l'animal tomba dans le coma, avec quelques mouvements convulsifs des membres, et l'œil gauche devint rouge et enflammé. Le décès est survenu cinquante heures après l'opération.

Apparitions post-mortem. L'œil gauche fut trouvé en état de suppuration et contenait du mercure. De nombreuses branches de l'artère carotide gauche contenaient également du mercure qui n'avait pas pénétré jusqu'au système capillaire. Tous les organes munis de ces vaisseaux étaient rouges, gonflés et enflammés, par suite de la présence de la matière étrangère. La glande thyroïde, la langue, les joues et les lèvres n'étaient cependant atteintes que jusqu'à la ligne médiane, laissant les moitiés opposées pâles et dans leur état naturel.

Une drachme et demie de mercure, mêlée à de l'eau tiède, fut injectée dans l'artère crurale d'un gros chien. L'animal ne manifestait aucune douleur et marchait en s'appuyant légèrement sur le membre atteint, qui devenait sensiblement plus froid. Au bout d'une heure, l'animal refusa sa nourriture, devint agité et manifesta une douleur intense dans le membre, qui était alors très chaud. Le lendemain, la jambe était enflée et œdémateuse. Le troisième jour, il y eut une soif extrême, un œdème accru et de grandes souffrances. L'animal a été tué soixante heures après l'opération.

Apparitions post-mortem. Aucune maladie n'a été trouvée dans aucun organe, à l'exception du membre atteint. Celui-ci était enflé et œdémateux de toutes parts ; des abcès de différentes grandeurs s'étaient formés, qui contenaient du liquide sanieux, du mercure et du pus ; quelques parties étaient dans un état de mortification naissante et laissaient échapper une quantité d'air considérable. Des globules de mercure se trouvaient dans différentes parties, occupant ordinairement le centre des abcès, et s'écoulaient sur le scalpel lorsqu'on pratiquait des incisions dans le membre.

EXPÉRIENCE XVIII.

Montrant l'effet de l'injection d'huile dans une artère.

Trois drachmes d'huile d'olive ont été jetées dans l'artère crurale d'un gros chien. Une légère douleur fut ressentie, et le membre devint évidemment froid, et le pouls sous le tendo-Achille ne put plus être senti. Deux heures après, une même quantité d'huile fut de nouveau injectée. La jambe commença alors à s'enflammer et devint sensible. Le lendemain, tout le membre était œdémateux, très enflé et très douloureux. Vingt-neuf heures après la première expérience, les muscles de la cuisse et de la jambe, ainsi que le tissu cellulaire, se trouvèrent par endroits gorgés de sang et enflammés par plaques livides ; dans d'autres, infiltrés de sérum jaune et d'exsudations gélatineuses. Aucune huile n'a pu être détectée dans les pièces concernées.

EXPÉRIENCE XIX.

Une once d'eau putride, dans laquelle avait macéré du bœuf, fut injectée dans l'artère crurale d'un chien de taille moyenne. L'artère ayant été ligaturée, le pouls cessa au-dessous du tendo-Achille ; le membre conserva cependant son degré de chaleur habituel, offrant en cela un contraste avec la dernière expérience. Un degré considérable de fièvre et d'agitation suivit l'opération ; cela dura toute la journée et la nuit suivante, sans aucun vomissement ni évacuation, qui suivaient si constamment de semblables opérations sur les veines. Le lendemain, le membre était très douloureux, mais non enflé ; il y avait soif, avec sécrétion ordinaire de fèces et d'urine. Le troisième jour, l'animal allait évidemment mieux ; l'appétit était devenu presque naturel, et il pouvait marcher plus facilement, quoique le membre fût encore très douloureux. Dans la nuit, il y a eu quelques évacuations douces, presque liquides. Le quatrième jour, l'animal était visiblement en convalescence, lorsqu'on injecta dans l'artère crurale du membre opposé une once et demie de liquide très fétide et très concentré (issu de la macération de bœuf). L'animal manifesta immédiatement une douleur accompagnée de palpitations cardiaques très violentes et remarquables. Il marchait boiteux, gardant la jambe levée, et devint bientôt fiévreux et inquiet. Les symptômes étaient exactement les mêmes qu'après la première expérience. La jambe est devenue progressivement de plus en plus douloureuse, extrêmement sensible, mais non infiltrée de sérum. Pendant la nuit, il y avait beaucoup d'expression de douleur et l'animal était en mouvement continu. Le décès est survenu dix-neuf heures après la deuxième injection. Le membre était devenu enflé seulement cinq ou six heures avant le décès.

Apparitions post-mortem. Le membre présentait une très grande quantité de liquide sanglant infiltré dans tous les tissus. Les muscles superficiels étaient noirs et présentaient plus ou moins les apparences de la gangrène. Les muscles profonds n'existaient plus comme tels, mais étaient entièrement désorganisés et transformés en une pulpe putride, ressemblant à des masses de lies rouges de vin, extrêmement fétides et dégageant une quantité de gaz. Le membre injecté en premier était encore enflé et présentait, à l'intérieur des muscles adducteurs, deux ou trois cavités remplies d'un sérum sanglant putride. Dans la poitrine, les poumons étaient sains, ainsi que les cavités droites du cœur ; mais les cavités gauches présentaient plusieurs taches noir-rougeâtre, éparses sur leur surface externe. Dans l'oreillette gauche se trouvait un coagulum ferme, blanc jaunâtre, adhérant à une tache enflammée sur sa surface interne. Le canal intestinal était rempli d'un liquide rouge brunâtre, ressemblant à du sang altéré, qui, dans l'estomac et le duodénum, avait la couleur de la suie. Les muqueuses de ces organes, ainsi que celles du jéjunum et du rectum, étaient gorgées de sang, couleur des lies de vin rouge, mais sans aucun épaississement inflammatoire de leur enveloppe.

EXPÉRIENCE XX.

Montrant l'effet de l'introduction de l'air dans une artère.

Sept ou huit pouces cubes d'air commun ont été injectés progressivement dans l'artère crurale d'un gros chien. Un bruissement particulier, dépendant du mélange de l'air et du sang, accompagnait l'opération. Aucun symptôme particulier n'a suivi ; mais au bout de quelques minutes, la veine correspondante se distendit d'un sang mousseux, qui se mouvait avec difficulté, et stagnait dans le vaisseau. Le membre tout entier crépitait sous la pression, mais aucun symptôme fâcheux ne se manifestait pendant plus d'une demi-heure. Une once d'eau, à laquelle on avait ajouté soixante-dix gouttes d'acide prussique médicinal, fut alors injectée dans la même artère. Cela n'a produit aucun effet apparent sur la constitution.

Un quart d'heure après, une once de solution saturée de nux vomica était injectée dans le même récipient. Cela n'a également été suivi d'aucun symptôme particulier. Une heure après la première injection, une demi-once d'une faible infusion de tabac a été introduite dans la même artère. Une douleur excessive s'ensuivit immédiatement, accompagnée d'une grande

rapidité de respiration. L'animal semblait maintenant sur le point de mourir ;
cependant, il se rétablit lentement, paraissait étourdi et enclin à vomir, et se
maintenait dans un état d'agitation continuelle. A cet état succédait une fièvre
accompagnée d'une extrême sensibilité du membre et d'une irrégularité du
pouls. Au bout de quelques heures, il parut mieux ; le pouls devint plus
régulier et moins fiévreux, mais la jambe resta enflée et extrêmement
douloureuse à la pression. Au cours de la nuit, la douleur est revenue,
indiquée par des hurlements et de l'agitation. Il y a eu plusieurs évacuations
de matières fécales et d'urine. Le lendemain matin, il y eut une grande
prosternation avec beaucoup de fièvre et une souffrance apparente. Le
membre était légèrement emphysémateux, tuméfié, enflammé et infiltré de
sérum.

Le lendemain, on injecta deux onces et demie d'eau dans laquelle on avait fait
bouillir de la nux vomica dans l'artère crurale du membre opposé. Le chien
n'a exprimé aucune douleur ; mais, au bout de dix ou douze minutes, de légers
mouvements convulsifs se manifestèrent, qui se transformèrent peu à peu en
violents spasmes tétaniques. L'animal se jeta en arrière, les membres étendus,
et mourut, après des attaques convulsives répétées, une heure et demie après
la dernière injection.

Apparitions post-mortem. A l'ouverture du corps, *on n'observa aucune apparence
inhabituelle dans le membre* sur lequel la dernière expérience avait été tentée, mais
le membre opposé était tupide et emphysémateux, infiltré d'un sérum
mousseux rouge grisâtre d'odeur fétide. *Les petits vaisseaux étaient obstrués par
des caillots de sang fermes.* La vésicule biliaire était très distendue ; et le canal
intestinal contenait une quantité de mucus jaunâtre.

DEUXIEME PARTIE.

SUR L'INTRODUCTION DE FLUIDES VICIÉS DANS LE SANG ; SES CONSÉQUENCES, ET TRAITEMENT, AVEC CAS.

VIII. LES expériences citées dans la première partie de cet essai illustrent le pouvoir que possède le sang d'empêcher certaines substances étrangères de circuler avec lui. Ils montrent que le pus, en particulier, a tendance à coaguler le sang ; et que par ce moyen, une fois introduit dans les vaisseaux, sa progression est arrêtée dans quelque partie du système circulant. Ce fait, qui, pris en lui-même, pourrait paraître sans importance, prend une importance considérable lorsqu'on le considère comme une des propriétés inhérentes du sang, toujours prêt, dans des circonstances favorables, à être mis en action dans le corps vivant. Les conditions dans lesquelles le pus déterminera la coagulation du sang, et celles dans lesquelles il circulera dans les vaisseaux vivants, nécessitent d'être déterminées avec précision, avant que nous puissions interpréter correctement les témoignages discordants que nous avons actuellement sur ce point.

Le Dr Sédillot, [29] dans un ouvrage récemment publié, mentionne qu'on rencontre un grand nombre de cas où le pus se répand dans la circulation générale sans rencontrer aucune obstruction, et déclare que, dans de tels cas, il peut détecter les globules de pus dans différentes parties du système circulant. Il affirme même qu'il peut reconnaître une maladie causée par une infection purulente, en examinant au microscope une partie du sang prélevé sur le corps.

M. Dance et, depuis lors, des observateurs également précis, n'ont, en revanche, pas réussi à déceler les caractères du pus dans le sang, même lorsque ce liquide avait été injecté dans les veines d'animaux vivants. Les résultats de ces différentes observations pourront peut-être être conciliés, en considérant l'influence exercée sur les globules de pus par le sang, avant que son pouvoir coagulant ait été altéré. Ce sujet ne semble pas avoir jusqu'ici retenu l'attention des pathologistes.

Dans tous les cas cités par le Dr Sédillot, dans lesquels il a détecté des globules de pus dans le sang, les malades sont morts de la maladie ; mais dans les recherches instituées par M. Dance et d'autres, les expériences furent faites sur des animaux en parfaite santé. Dans ces derniers, le pus ne peut pas entrer dans la circulation, comme on l'a déjà montré, ou ne peut y entrer qu'après que le sang se soit partiellement ou entièrement coagulé autour de lui, et que le coagulum se soit ensuite fragmenté.

Dans l'acte de coagulation, dans ces circonstances, l'aspect des globules de pus est modifié, ceux-ci étant peut-être mécaniquement comprimés par la contraction de la fibrine, de sorte que l'œil le plus expérimenté ne peut plus les reconnaître.

Le pus, mêlé à du sang sain récemment prélevé, hors du corps, perdra ainsi entièrement ses caractères ; et comme la coagulation n'est nullement retardée dans les vaisseaux vivants, on peut, sans crainte de contradiction, affirmer que les globules de pus ne peuvent être détectés lorsqu'ils sont introduits dans les vaisseaux en petite quantité et mêlés à du sang sain.

Dans les cas où, par suite d'une maladie prolongée et de l'introduction répétée de liquides viciés dans la circulation, le sang a perdu sa puissance, il ne semble y avoir aucune raison de douter de l'exactitude des observations du docteur Sédillot ; et il est probable que des globules de pus peuvent alors circuler avec ceux du sang.

Dans les expériences sur les animaux, on a toujours constaté que la puissance de la constitution, pour résister aux effets de l'injection de pus dans les veines, était beaucoup plus grande au début que lors de toute opération ultérieure. Cette circonstance semblerait s'associer directement aux observations faites maintenant, et fournir une autre illustration de la puissance du sang sain à résister à l'entrée de certaines matières étrangères dans le système.

De la considération de ces faits et des expériences précédemment enregistrées, il devient évident que l'introduction de pus dans le système par une veine blessée ou enflammée peut rarement être le premier pas vers une infection purulente du système. Il faut qu'au préalable quelque changement se soit produit dans le sang, par lequel son pouvoir de coagulation soit altéré, ou que des moyens mécaniques inhabituels aient été employés, avant que le pus puisse se frayer un chemin dans le cours de la circulation. Les affirmations contradictoires qui ont été faites par ceux qui ont injecté du pus dans les veines peuvent ainsi être conciliées, en tenant compte du pouvoir exercé par le sang dans les expériences qui ont été faites. Il ne fait guère de doute que, bien que dans certains cas une partie du pus ait été forcée dans la circulation générale, dans la grande majorité des cas, elle a été retenue dans la veine dans laquelle elle avait été introduite pour la première fois et n'est jamais devenue. partie du fluide circulant. On voit donc certains expérimentateurs enregistrer les maladies secondaires qu'ils ont observées, tandis que chez d'autres ces apparitions ne se sont pas produites.

Le Dr Sédillot [30] a tenté de prouver que les globules ou parties solides de pus doivent être introduits dans l'organisme pour produire des indications bien marquées d'infection purulente. Mais cette hypothèse ne paraît pas seulement en contradiction avec les expériences maintes fois répétées de MM. Gaspard et Cruveilhier, chez lesquels des effets semblables étaient produits par l'injection de mercure et de liquides putrides, mais laisseraient également inexpliqué le mode d'introduction de ces globules, où il est prouvé que la maladie s'est transmise par le système lymphatique. Les changements que subissent toutes les substances lors de leur passage à travers les glandes absorbantes interdiraient immédiatement l'idée que des globules de pus puissent être ainsi introduits tels quels dans la circulation ; et pourtant nous avons des preuves directes (cas XXIX) que des fluides irritants sont ainsi transportés dans l'organisme et conduisent à la formation d'abcès secondaires.

Une autre classe de cas, dans lesquels il serait difficile d'admettre la doctrine de l'introduction de pus en substance dans la circulation, se présente, où, dans les affections primaires (comme dans le cas VI), aucune preuve ne peut être obtenue de L' origine lésion ayant suppuré. Les fluides épanchés dans de tels cas peuvent être du sérum, de la lymphe ou du sang, mélangés dans des proportions différentes ; et pourtant les symptômes constitutionnels seront exactement semblables à ceux qui suivent la formation de pus dans d'autres cas. Il peut exister, tant dans l'affection primaire que dans l'affection secondaire, toute gradation intermédiaire entre la saine sécrétion d'une partie et la formation de pus pur, ou de pus mêlé de sang ou de lymphe, sans qu'aucun des caractères essentiels de la maladie ne soit modifié. absent. Une bourse enflammée ou une plaie percée, sans formation de pus (cas IV et V), peut donner lieu à des symptômes aussi graves et à des conséquences aussi mortelles que ceux résultant de l'introduction directe de pus dans le système. Les affections secondaires, dans de tels cas, peuvent suivre leur cours et se révéler aussi rapidement mortelles que là où des dépôts purulents bien formés se sont formés. Les symptômes constitutionnels les plus sévères seront parfois suivis d'un épanchement de liquide sanglant uniquement, dans une des cavités séreuses (Cas XXX). Il serait peu philosophique, même s'il était possible, de rapporter de tels cas à une maladie différente, simplement parce que la circonstance accidentelle de la formation de pus fait défaut. L'origine de l'affection dans de tels cas peut être aussi bien marquée, le poison peut souvent être tracé aussi distinctement dans le système, et la maladie secondaire peut être aussi clairement liée à la maladie primaire que dans tous les cas où du pus s'est formé à l'origine. . Dans certains cas encore, les symptômes constitutionnels qui accompagnent ou sont suivis d'épanchements dans des parties éloignées du corps, commencent avant qu'un temps suffisant ne se soit écoulé pour permettre de supposer que du pus peut avoir été complètement formé au siège originel de la blessure. De tels cas se présentent occasionnellement, bien que rarement, par des brûlures et des échaudures étendues, survenant dans des habitudes affaiblies, et après amputation des membres chez les enfants scrofuleux.

Dans presque tous les cas, lorsque l'origine de la maladie constitutionnelle ne peut être attribuée à l'introduction d'un liquide malade dans le système par une veine ouverte, on constatera que la partie principalement blessée a manqué du degré de vigueur requis pour établir et maintenir inflammation adhésive saine.

^{autre} occasion, j'ai essayé de montrer que, là où la lymphe s'épanche autour d'une plaie empoisonnée, le virus se propagera moins facilement le long des vaisseaux absorbants que lorsqu'un tel épanchement n'a pas eu lieu ; et que lorsque, dans une telle blessure, l'épanchement lymphatique est arrêté ou empêché, par exemple par l'administration de mercure, une plus grande proportion de cas indiquera une affection du système lymphatique, que lorsque le processus naturel n'a pas été entravé. Il ne fait aucun doute que le même principe puisse être observé à l'égard des blessures ordinaires. Le nombre des cas dans lesquels les absorbants s'enflamment sera en raison inverse du nombre de ceux dans lesquels les plaies primitives sont circonscrites par une saine inflammation adhésive. Dans le cas XXVII , il est mentionné que la surface d'un muscle, impliqué dans la lésion originale, a été disséquée aussi proprement que si elle avait été faite avec un scalpel, montrant ainsi l'absence totale de tout épanchement lymphatique environnant. L'absence ou le défaut du processus d'adhésion peut ainsi être associé à une inflammation des absorbants, car il a été démontré que le manque d'« union par première intention » est lié à l'inflammation des veines (Section ii.)

La petitesse des vaisseaux absorbants et les changements que leur contenu subit dans leurs glandes, empêchent que des fluides malsains y soient aussi facilement reconnus que dans les veines. Mais quand on peut suivre la progression de l'inflammation le long de ces vaisseaux depuis une plaie, vers le centre de la circulation, marquée, comme c'est souvent le cas, par intervalles, par la formation d'abcès, on ne peut douter qu'un liquide irritant ait trouvé son chemin. le long de leurs canaux : et lorsque les symptômes constitutionnels, qui surviennent en même temps, se terminent par la formation de dépôts purulents (comme dans le cas <u>XXIX</u>), on ne peut qu'admettre que les vaisseaux absorbants sont le moyen direct par lequel, dans de tels cas, des sécrétions malades se déversent dans le sang et le système s'infecte. Il semblerait donc qu'il y ait deux conditions principales dans lesquelles une maladie locale peut produire une infection générale de l'organisme par l'introduction directe de liquides viciés dans le sang. Le premier d'entre eux est lié à une union défectueuse dans les veines lésées ; la seconde est associée au manque d'adhérence saine dans les lymphatiques enflammés.

La période d'invasion de l'attaque diffère dans une certaine mesure selon les différentes classes de cas, mais elle est généralement marquée avec une grande précision : même lorsque la guérison apparente a été suivie d'une seconde attaque, l'événement a dans chaque cas été noté avec précision par le médecin. apparition soudaine de symptômes constitutionnels (voir Cas XXXVII).

Lorsqu'une des grosses veines a été initialement atteinte, le délai qui s'écoule avant que les symptômes d'infection du système se manifestent est relativement court (cas I). Dans les cas survenant après l'accouchement, elle est généralement plus longue et s'étend jusqu'à la fin de la deuxième semaine. Après des opérations chirurgicales ou des accidents touchant quelque portion d'os, l'accès de la maladie sera marqué par une rigueur pendant la troisième ou la quatrième semaine ; et enfin, lorsque le système absorbant est principalement affecté, la période d'apparition des symptômes constitutionnels peut être beaucoup plus éloignée de celle de la blessure primitive (si elle existait), et n'est en aucun cas définie avec autant de précision.

Au moment de l'apparition d'un trouble général du système, la blessure ou la plaie locale aura généralement une apparence malsaine. La peau du voisinage immédiat prend parfois un aspect rouge brunâtre terne, qui s'estompe progressivement dans la couleur des parties environnantes. Ce symptôme commencera ordinairement vers l'extrémité des vaisseaux, qui dérivent du même tronc que ceux qui irriguent la partie blessée. Lorsque la blessure initiale se complique d'une blessure à la surface du corps, elle deviendra généralement sèche et vitrée, et la rougeur sur la peau commencera dans son voisinage, ou à une courte distance de celle-ci, et s'étendra généralement vers le centre. de la circulation, sans présenter de marge bien définie : elle s'étendra parfois, sous forme d'érysipèle erratique, sur une grande partie du corps. [32]

IX. Le début d'une maladie constitutionnelle, après une infection directe du sang, est marqué par un changement soudain dans l'allure et l'apparence du malade ; une rigueur sévère est habituellement le symptôme le plus marquant, et est suivie d'une forte excitation fébrile ou d'une dépression extrême ; une chaleur cutanée très particulière (cas XXII) sera parfois présente, tandis que, à d'autres moments, la surface sera recouverte d'une transpiration moite et abondante. La rigueur peut se répéter à intervalles irréguliers, mais il arrive parfois qu'elle se reproduise à peu près à la même heure pendant trois ou quatre jours de suite (cas XXXVII) ; et dans quelques cas, cela ne sera pas du tout observé.

Une grande dépression accompagne fréquemment même les premiers stades de cette maladie, indiquée par un manque de tonus du pouls, par une apathie extrême et parfois par une tendance à la syncope (cas i). La physionomie devient anxieuse, la langue sèche et brune au centre et rouge sur les bords, ou, dans d'autres cas, elle présente une couche pâteuse d'un blanc jaunâtre ;

une teinte jaune sombre imprègne fréquemment la peau et parfois les conjonctives des yeux. Cela peut dépendre ou non d'une affection du foie qui l'accompagne. Le pouls varie beaucoup en fréquence dans différents cas, et à différents moments dans le même cas : il est généralement très rapide, surtout lorsqu'il est accompagné d'une grande chaleur de la peau.

La douleur est parfois vive et peut se rapporter exactement à l'endroit où un examen ultérieur montre qu'il a été le siège d'une inflammation secondaire ; à d'autres moments, elle n'est pas limitée à une situation particulière, mais consiste en des sentiments généraux mal définis, de courte durée et récurrents à intervalles irréguliers. La particularité de telles sensations est mieux exprimée par les termes qui leur sont appliqués par les patients eux-mêmes. Des "douleurs contagieuses partout", des "douleurs d'estomac" et des "fréquences dans le sang" accompagnent souvent cette maladie.

Des vomissements peuvent survenir, soit comme symptôme d'un trouble constitutionnel, soit comme indicateur d'une inflammation d'un organe abdominal (cas XXVI). Dans ce dernier cas, il est extrêmement tenace, et le liquide éjecté est généralement de couleur verte. La diarrhée est un symptôme fréquent et semble exercer une influence considérable sur l'évolution de la maladie. Il n'est pas rare que son apparition s'accompagne d'un soulagement des autres symptômes (cas III) ; lorsqu'elle se produit, elle est généralement abondante et peu contrôlée par la médecine, mais, si elle est contrôlée, elle peut être suivie d'un changement soudain et pire dans l'état du patient.

L'intellect est rarement affecté pendant les premiers stades de la maladie ; mais ensuite, dans les cas graves, l'agitation, le délire et le coma manquent rarement de se succéder. Ces symptômes sont tous particuliers, tant par la rapidité avec laquelle ils apparaissent, que par la manière soudaine avec laquelle ils disparaissent parfois. La maladie peut sembler, en quelques heures, quitter une partie qu'elle a d'abord attaquée, et s'abattre sur un organe différent dans quelque partie éloignée du corps.

X. Les apparences post-mortem observées chez ceux qui meurent par suite de l'introduction de liquides viciés dans le sang ne peuvent, pour la plupart, être distinguées des changements similaires produits par d'autres causes ; cependant il existe certains effets particuliers qui peuvent être directement associés à la réception de matières étrangères dans la circulation. La circonstance la plus caractéristique qui accompagne l'extension de la maladie à différents organes du corps par l'intermédiaire du sang, est que plusieurs parties de ces organes, ou même des organes différents, seront attaquées simultanément. La maladie apparaîtra à la fois en divers endroits, qui se désorganiseront rapidement, tandis que les textures environnantes resteront inchangées, ni dans leur structure, ni dans leur couleur. Les aspects observés à la dissection varieront selon la partie attaquée et le stade de développement où se trouve la maladie.

Les poumons sont les organes dans lesquels les modifications successives peuvent le mieux être observées. Lorsque le liquide puriforme est entré dans la circulation, la première apparition produite dans la structure des poumons est celle d'une ou plusieurs veines encombrées ou dilatées [33] de très petit diamètre. Ceci sera suivi d'une tache bien définie , de couleur beaucoup plus foncée que la texture environnante. Plusieurs de ces taches apparaîtront probablement en même temps, et chacune d'elles sera bientôt entourée d'une dure tache sphérique de congestion violette. Un épanchement lymphatique va alors avoir lieu, commençant au centre de chaque partie affectée, et s'étendant progressivement vers sa circonférence. Si la maladie continue , chaque tache suppurera, et les différentes parties se ramolliront et se briseront, dans le même ordre dans lequel elles se sont solidifiées auparavant.

Le foie devient fréquemment le siège d'une inflammation secondaire. Au début, des taches rouge brunâtre peuvent être observées dispersées dans sa substance. Ceux-ci, à mesure qu'ils s'étendent, prennent une couleur bleuâtre ou ardoise ; et l'on constate que la structure du foie ainsi affectée a perdu sa consistance et se détruit très facilement par la pression. Chaque partie affectée ici, comme dans les poumons, procède rapidement à la suppuration ; et l'aspect habituel qui se présente après la mort est celui de plusieurs petits abcès circonscrits, autour desquels la structure du foie n'a été condensée que dans une très-petite étendue. Il arrive parfois que les grosses veines du foie deviennent enflammées. Ces vaisseaux, étant maintenus ouverts par la structure ferme de la pièce, ne s'effacent pas aussi facilement que dans d'autres situations ; et il arrive par conséquent que la lymphe et le pus qui y sont versés se mêlent irrégulièrement au sang plus ou moins parfaitement coagulé qu'ils contiennent : il se produit ainsi parfois un aspect marbré très particulier, ressemblant à du granit.

Les affections de la rate, produites par l'introduction de matières étrangères dans le sang, ne sont probablement pas aussi facilement reconnues que les affections similaires des poumons et du foie. Car, bien que la rate se révèle souvent malade chez ceux qui meurent d'une infection du sang, il est relativement rare qu'on y trouve des abcès secondaires. Dans le tableau ci-joint, contenant vingt-trois cas, un aspect morbide, non reconnu comme le résultat particulier d'une inflammation secondaire, a été observé dans la rate dans pas moins de huit cas. Une si grande proportion de cas rend probable que les altérations observées ont plus qu'un rapport accidentel avec la maladie dont le malade est mort, bien qu'elles ne présentaient aucun caractère qui puisse être considéré comme particulier à cette maladie. Dans les cas bien marqués d'affections secondaires de la rate, on peut reconnaître une ou plusieurs indurations bien définies, mais souvent irrégulières, de couleur chocolat ; de telles plaques sont généralement observées peu après le début de la maladie et, en très peu de temps, elles se ramollissent ou se dégradent. La rapidité avec laquelle ils perdent leur caractère originel peut probablement expliquer pourquoi ils sont relativement rarement observés lors des examens post mortem.

Des dépôts de lymphe se rencontrent quelquefois dans les reins ; mais celles-ci sont peu étendues, de couleur claire, et ressemblent à de la lymphe déposée par suite d'une inflammation ordinaire. Les plaques de congestion, si caractéristiques de cette maladie dans d'autres organes, ne sont pas observées ici. Cela peut dépendre de la disposition particulière du système capillaire du rein. Le sang doit traverser les touffes de Malpigian et peut être purifié ou altéré dans son caractère avant d'atteindre le système veineux propre à l'organe.

Dans les cas où une infection purulente du sang a été intentionnellement produite, il n'est pas rare que des parties du rein soient trouvées enflammées et plus fermes que naturellement ; mais, si l'origine de la maladie n'était pas connue, ces phénomènes ne pourraient être distingués de ceux produits par une inflammation du rein provenant d'autres causes.

La peau est susceptible d'être affectée sous trois formes différentes. (Voir les cas I, II, III, IX, X et XXXIV). Le premier de ces phénomènes se rencontre très rarement et consiste en de petits dépôts de matière dans la structure ou à la surface de la peau, ressemblant à bien des égards aux pustules de la variole. La deuxième forme est également rare et consiste en de petites taches congestionnées à la surface de la peau. Celles-ci sont généralement d'une teinte pourpre foncé, mais j'ai vu un cas dans lequel elles étaient d'une couleur rouge vif. Dans ce cas, un abcès secondaire s'était formé dans l'articulation du genou et des pustules sont apparues sur la peau du voisinage. Quinze jours avant le décès du malade, un certain nombre de petites taches rouge vif apparurent en différentes parties de la cuisse et du haut de la jambe ; certains d'entre eux avaient trois ou quatre lignes de diamètre tandis que d'autres étaient si petits qu'ils ne pouvaient être vus sans attention ; ils apparaissaient en taches bien définies, d'une couleur plus vive que la membrane muqueuse des lèvres, et restaient inchangés jusqu'à la mort. La troisième forme se présente beaucoup plus fréquemment que les deux autres, bien qu'elle n'ait pas encore beaucoup attiré l'attention des pathologistes, en relation avec une infection purulente ou autre du sang. Cela commence très soudainement et souvent sans qu'une attention particulière soit portée au rôle. Une grande tache circulaire de congestion, livide ou violette au centre, mais devenant d'une couleur plus claire vers la circonférence, se formera généralement sur une partie des membres inférieurs. La peau du mollet est peut-être plus fréquemment atteinte que celle de toute autre partie. Au centre de la partie encombrée, la mortification s'opère très rapidement, et se manifeste par la partie prenant une couleur noire ou plombée terne. Dans certains cas, il serait difficile de dire où cesse la mortification et où commence la congestion ; mais dans d'autres cas, une ligne de démarcation distincte se forme : une zone de congestion rouge vif entoure alors occasionnellement la partie mortifiée.

Certaines modifications de cette troisième forme d'affection de la peau peuvent se rencontrer occasionnellement au cours de la maladie. Les taches prenant un aspect rouge livide ou sombre (qui s'estompent progressivement dans la couleur de la peau environnante), se présenteront en différentes parties (cas XXXVI) et se termineront par une exfoliation épaisse de la cuticule ou par de petites desquamations de la peau. Dans certains cas, seules les parties superficielles de la peau sont détruites et les parties situées en dessous semblent relativement non affectées ; de petites portions circonscrites de la couche externe de la peau s'exfolieront et les parties sous-jacentes cicatriseront sans suppuration, par un processus semblable à celui de la croûte (cas iii).

Il est remarquable, dans cette maladie, que les parties les plus vasculaires soient celles qui perdent le plus tôt leur vitalité. Ainsi, dans le dernier cas mentionné, des parties de la surface de la peau ont péri, tandis que les couches plus profondes se sont rétablies ; encore une fois, il n'est pas rare d'observer la destruction de toute l'épaisseur de la peau, sans aucune affection correspondante de la membrane cellulaire située au-dessous. La quantité de sang envoyée à une partie semblerait donc favoriser la mortification dans cette maladie. La raison de cette particularité sera examinée dans la section suivante.

Dans deux des cas enregistrés en annexe (cas XXII et XXVI), la membrane muqueuse du rectum était d'une couleur très foncée et, dans l'un d'entre eux, elle avait pris un aspect verdâtre. Cette décoloration fut d'abord considérée comme une complication accidentelle ou comme dépendant d'une maladie antérieure. Mais M. Gaspard a remarqué un état semblable, après l'introduction artificielle de liquide putride dans le sang. [34] Dans une des expériences mentionnées, la membrane muqueuse des intestins était partout saine, sauf dans le *rectum* et *le duodénum*. Dans la première situation, les rugæ étaient proéminents et d'une couleur violette ; chez ces derniers, la membrane était de la couleur des lies pâles du vin. D'après la coïncidence ainsi observée, nous sommes amenés à croire que le même état qui produit la congestion de la peau, peut produire une affection analogue de la membrane muqueuse. Il ne faut pas non plus omettre de noter, à propos de ce sujet, le fait que la membrane muqueuse du vagin se trouve parfois d'une couleur pourpre foncé chez celles qui meurent d'affections puerpérales.

Dans la membrane cellulaire, le sérum, la lymphe et le pus peuvent se déposer, mélangés les uns aux autres dans des proportions diverses. La vascularisation environnante, dans ces cas, est inhabituellement petite et la lymphe épandue n'est pas correctement organisée ; il n'y a donc aucune limite naturelle au processus de désorganisation, et le fluide sécrété s'infiltre dans les parties environnantes.

Lorsque la structure musculaire est atteinte, la suppuration a lieu avec une grande rapidité ; des portions de muscles peuvent se trouver assez molles, et quelquefois pultacées, en plaques circonscrites, autour desquelles la fibre est parfaitement saine. Du pus se dépose parfois à l'extérieur des muscles ; et il sera alors étalé sur la surface, et plutôt infiltré dans le tissu cellulaire que contenu dans un kyste. A l'intérieur des muscles, on constate la même absence de limite naturelle à l'inflammation ; mais, en raison de la structure plus compacte de la pièce, les dépôts de matière restent généralement circonscrits.

Le cerveau et ses membranes présentent fréquemment des aspects pathologiques chez ceux qui meurent d'une inflammation secondaire ; ceux-ci, pour la plupart, peuvent être totalement indépendants de tout effet particulier de la maladie ; mais, dans certains cas, il paraît probable qu'ils n'y sont pas tout à fait étrangers. Dans un des cas qui l'accompagnent, on a trouvé le *pont Varolii* et *le bulbe rachidien d'une couleur rose, par suite d'une congestion, là où le système avait été contaminé par l'absorption d'une sécrétion malade ;* et, dans un autre, une couche de lymphe purulente se trouvait dans la cavité de l'arachnoïde, accompagnée de marques d'action inflammatoire dans le quatrième et dans l'un des ventricules latéraux.

Les membranes séreuses sont particulièrement susceptibles d'être attaquées par une inflammation secondaire ; et, lorsqu'il est affecté, suppure avec la plus grande empressement. Ils ne présentent généralement qu'un léger degré de vascularisation, et quelquefois ne paraissent guère plus injectés que dans leur état naturel. Dans la cavité péritonéale, de grandes quantités de lymphe non organisée sont fréquemment déversées, mélangées à du sérum ou du pus trouble. Les membranes synoviales des articulations, lorsqu'elles sont affectées, semblent se diriger directement vers la suppuration et se distendent avec du pus en très peu de temps. La plèvre, en revanche, suppure rarement au début ; mais la lymphe se déposera à sa surface, et sa cavité contiendra du sérum trouble, quelquefois mêlé de sang.

XI. Dans les premières sections, les changements produits dans le sang, tant à l'intérieur qu'à l'extérieur du corps, par le mélange de sécrétions purulentes ou malades, ont été examinés ; et, dans la dernière section, les aspects post-mortem observés dans les différents organes de ceux qui sont morts par suite d'inflammations secondaires ont été décrits. Il reste maintenant à relier ces deux séries d'observations et à tracer le rapport qu'elles entretiennent l'une avec l'autre.

La manière la plus directe par laquelle le sang malade produit la maladie dans les parties auxquelles il est transporté est de leur communiquer son propre état. Même des substances étrangères, qui n'ont aucun rapport naturel avec le corps, peuvent ainsi être transportées dans le sang et déposées dans les organes du corps. Hunter raconte un cas [35] dans lequel un peintre en bâtiment, paralysé des mains et des jambes depuis un temps considérable, eut la cuisse cassée et mourut environ trois semaines après de l'accident : « En examinant le corps, après la mort, les muscles, particulièrement ceux des bras, avaient perdu leur couleur naturelle ; mais, au lieu d'être ligamenteux et semi-transparents, comme cela arrive dans la paralysie commune, ils étaient opaques, ressemblant exactement en apparence à des parties trempées dans une solution de Goulard. extrait. De ce cas, il ressort que le plomb avait été évidemment transporté avec le sang dans les muscles eux-mêmes. Le sang peut ainsi recevoir et retenir des matières étrangères capables de détruire les solides.

manière , être transportées vers différentes parties du corps et y produire leurs effets chimiques, on admettra facilement qu'une action mécanique ou vitale commencée dans le sang peut s'y continuer . lorsqu'il est déplacé vers une autre partie du corps.

Chez ceux qui meurent d'inflammations secondaires, le résultat de telles actions peut souvent être suivi depuis le siège de la lésion primaire jusqu'au cœur lui-même ; et, comme il a déjà été démontré que le sang contaminé communique une action morbide aux vaisseaux dans lesquels il est contenu (section III), il ne reste plus aucune difficulté à expliquer la manière soudaine dont cette maladie peut s'abattre sur un organe particulier. , ou la manière inattendue dont les symptômes peuvent se déplacer d'une partie du corps à une autre. Les conditions du sang qui peuvent être observées lors de la dissection dans cette maladie, dans la mesure où elles tendent à illustrer le présent sujet, peuvent être comprises dans deux expressions générales : 1° celles dans lesquelles le sang a eu une tendance surnaturelle à coaguler. imprimé dessus; et 2° ceux dans lesquels son pouvoir coagulant a été plus ou moins altéré. Dans un cas, le sang se trouve généralement de couleur foncée, avec un coagula ferme et quelquefois adhérent dans les vaisseaux ; dans l'autre, il est fin et fluide.

Lorsqu'une tendance surnaturelle à la coagulation a été imprimée au sang, elle se loge dans différentes parties du système vasculaire, dans les situations les plus favorables à une telle action ; lorsqu'au contraire elle a perdu son pouvoir coagulant, on peut s'attendre à des épanchements étendus, ou bien se manifester les symptômes compris sous le terme de « diathèse gangreneuse ».

À mesure que le diamètre global des vaisseaux du corps diminue, le sang qui les contient circule avec plus de rapidité et de force ; et lorsqu'il est près du cœur, il est placé dans des circonstances défavorables à la coagulation, par suite du mouvement rapide qui lui est communiqué ; et nous constatons en conséquence que, bien que des coagula adhérents puissent se former dans les veines partant du siège de la blessure, et puissent être suivis de là à travers d'autres vaisseaux plus gros, ils se termineront habituellement brusquement, lorsque ceux-ci s'ouvriront dans la veine cave. Mais lorsque le sang arrive dans les cavités du cœur, la tendance à la coagulation peut se manifester à nouveau. Coagulant malade, présentant un « aspect marbré, en partie brun et en partie d'une couleur jaune sale », ou « de couleur foncée et en partie composé d'une substance opaque gris jaunâtre », ou « avec des portions inélastiques et d'une couleur jaune opaque », se retrouveront emmêlés parmi les fibres saillantes des oreillettes et des ventricules. Dans les artères, le sang se trouve dans les circonstances les plus défavorables à la coagulation pendant la vie, par suite de la petitesse relative de leurs diamètres et de la succession des impulsions communiquées à leur contenu ; mais même ici, des coagula malades et adhérents peuvent être trouvés dans les cas d'inflammations secondaires.

M. Cruveilhier [37] rapporte un cas où, après l'accouchement, l'artère pulmonaire fut trouvée remplie de coagula à la suite de ses divisions. Le caillot principal avait perdu sa couleur, adhérait *aux* parois du vaisseau et contenait en son centre un liquide puriforme.

Dans un autre cas, suite à une opération pour nécrose, les apparitions post mortem suivantes ont été observées. Le poumon gauche présentait, en plusieurs endroits, des plaques d'hépatisation rouges, parfaitement définies et ressemblant à autant de taches d'inflammation lobulaire. Une fois découpées, ces plaques présentaient plusieurs points de liquide puriforme. Les *veines* du poumon contenaient un coagula d'apparence fibrineuse qui bouchait leurs cavités ; et au centre de ces coagula se trouvait un liquide blanchâtre et purulent.

L'état pathologique du sang peut ainsi être suivi visiblement depuis la plaie originelle, en passant par les plus gros vaisseaux, jusqu'au cœur, et de nouveau du cœur au système capillaire. La disposition à coaguler, une fois imprimée dans le sang, n'est pas détruite par le transport de ce fluide vers une autre partie du corps : l'action peut être retardée par le mouvement à l'intérieur comme à l'extérieur du corps, mais elle se produira néanmoins lorsqu'elle est placé dans des circonstances plus favorables.

Ces circonstances, dans les vaisseaux vivants, se produisent lorsque le sang se sépare en petites quantités et lorsqu'il se déplace lentement le long des capillaires. Le sang coagulera alors en plaques circonscrites [38] , comme l'illustrent les premières marques caractéristiques d'une maladie secondaire déjà mentionnée comme apparaissant dans les poumons, le foie, la rate et la peau. La plaque qui l'accompagne est tirée du poumon d'un âne dans lequel on avait fait circuler du liquide purulent avec le sang. La stagnation du sang, lors de l'introduction du pus, a été mécaniquement empêchée, et les taches livides produites par sa coagulation ultérieure dans les capillaires des poumons ont été très fidèlement représentées. (Voir Expérience n° VI.)

« Outre la disposition à la coagulation, observe M. Hunter, le sang a, dans certaines circonstances, une disposition à la séparation des globules rouges et probablement de toutes ses parties ; car j'ai des raisons de croire qu'une disposition à la séparation de la partie rouge et la coagulation, ne sont pas la même chose, mais proviennent de deux principes différents. Ceci s'observe toujours dans les saignements, car si on ligote un bras et ne saigne pas immédiatement, le premier sang qui coule de l'orifice , ou ce qui a stagné pendant quelque temps dans les veines, se séparera le plus tôt possible en ses trois parties constituantes : cette circonstance expose davantage de lymphe coagulante au sommet, ce qui est supposé par les ignorants indiquer plus d'inflammation, tandis que la quantité suivante prise suspend ses parties rouges dans la lymphe, et donne l'idée que la première petite quantité avait été d'un tel service au moment de son écoulement, qu'elle avait altéré pour le mieux toute la masse de sang. des causes immédiates de la séparation. » *Chasseur* , p. 29.

Cette disposition du sang à se séparer en ses parties constituantes se manifeste à un degré très marqué dans une classe d'affections secondaires. Des épanchements étendus de sérum, de lymphe et de pus, mélangés dans des proportions différentes, auront lieu dans les cavités séreuses du corps et s'infiltreront dans la membrane cellulaire, accompagnés de très légers signes d'action inflammatoire. La matière colorante du sang s'épanche aussi quelquefois avec ses autres parties ; mais alors, on constatera que le sang a perdu son pouvoir coagulant : à cet égard, il présente un contraste direct avec l'épanchement d'un vaisseau blessé sain. La lymphe déposée se trouvera couchée en flocons non organisés, dépourvue de ses propriétés adhésives habituelles, et très légèrement attachée à des parties, présentant peu ou pas de vascularisation accrue. La manière rapide avec laquelle ces dépôts ont lieu, montre qu'ils se séparent du sang sans subir aucun procédé très élaboré. Dans cet état du système, tout organe sur lequel s'abat la maladie peut se désorganiser rapidement ou se mortifier facilement ; et, après la mort, une tendance à une décomposition rapide se manifestera. Les veines à la surface du corps peuvent souvent être tracées sous forme de lignes bleu foncé, comme si la peau qui les recouvrait était tachée par la matière colorante du sang. Les poumons et d'autres organes peuvent, dans ces circonstances, se trouver à tous les degrés de désorganisation, jusqu'à ce qu'ils présentent tous les caractères de la gangrène : même le fœtus particulier qui accompagne la mortification du poumon sera, dans certains cas, présent. Une tendance à la formation de taches pétéchies peut également être observée dans différentes parties ; et même les organes qui ne semblent pas avoir été le siège particulier de la maladie se révèleront avoir perdu leur consistance et se briser sous une pression relativement légère.

M. Hunter trouva que, dans la mesure où le sang conservait le pouvoir de coagulation, il avait le pouvoir de résister à la putréfaction ; et inversement, nous observons que, dans cette classe de cas, la déficience du premier s'accompagne d'une manière marquée par l'absence du second.

Les deux états du sang qui viennent d'être mentionnés semblent avoir un rapport direct avec les deux classes d'apparences post mortem, observées dans les cas d'inflammations secondaires : la première étant généralement liée à la congestion de différents organes pendant les premiers stades de l'inflammation. la maladie, la seconde avec des épanchements étendus, accompagnés de relativement peu de vascularisation.

XII. Le traitement des inflammations secondaires se divise naturellement en locale et constitutionnelle, tant en ce qui concerne la lésion primaire que les affections ultérieures. Les circonstances qui gênent la consolidation par première intention dans les veines se sont révélées être les mêmes que celles qui précèdent la formation des dépôts purulents, dans une grande classe de cas. Tout ce qui tend alors à favoriser la réparation saine d'une veine blessée, peut être considéré comme offrant une sécurité contre toute maladie ultérieure ; et le point principal du traitement local est peut-être d'empêcher que des circonstances accidentelles n'interfèrent avec le processus naturel de réparation. Lorsque les forces de la constitution sont affaiblies, les mouvements naturels même d'une partie peuvent gêner la guérison, et le repos devient quelquefois un objet important du traitement. Combien cela est nécessaire après l'accouchement, lorsque les veines divisées se ferment, tous ceux qui ont assisté à de tels cas le savent pratiquement.

De même, après un saignement, le bras s'enflammera dans une proportion beaucoup plus grande de cas, lorsque le patient est obligé de suivre son occupation habituelle, ou lorsque, par suite de circonstances accidentelles (comme à cause de la douleur ressentie dans le cas i), les bras sont maintenus en position FERMÉE . mouvement. Il m'est venu à l'esprit de voir apparaître les symptômes de dépôts purulents, le lendemain de tentatives prolongées pour remettre en place des portions d'os fracturées. Dans tous ces cas, toute violence extérieure (comme dans l'expérience n° VI), ou même le mouvement du corps, comme dans le cas du Dr Davis (section IV), peuvent détacher le coagula formé, soit entre les bords blessés, soit dans le cavités des veines.

Dans le traitement de la lésion locale, M. Hunter nous a laissé une indication précieuse, directement liée à l'examen de la pathologie de la maladie. « La manière dont apparaissent les douleurs dans les bras après un saignement montre clairement qu'elles proviennent d'une blessure qui n'a pas guéri par la première intention » ; et il recommande que les deux côtés de la veine soient rapprochés par une compresse, jusqu'à ce que la réunion des bords divisés ait eu lieu.

Il a été démontré de très haute autorité que les côtés d'une veine ne s'unissent pas après la saignée (comme on a parfois présumé que c'était l'opinion de M. Hunter) ; mais que les bords divisés seulement du vaisseau sont agglutinés par le coagulum, qui « sert de lit à la nouvelle membrane ». Mais le cas est différent si cette première tentative d'union échoue ; les parois du vaisseau peuvent alors s'unir et sa cavité obstruée pour un temps (section IV). Le rapprochement des côtés des veines faciliterait matériellement cette action, qui est la sécurité naturelle, dans les circonstances, contre l'admission de corps étrangers. Lorsqu'on soupçonne qu'un abcès s'est formé dans une veine, Hunter recommande un mode de traitement similaire ; la compresse, dans ce cas, étant placée entre la partie enflammée et le centre de la circulation. Au musée pathologique du Collège des Chirurgiens, une des préparations de M. Hunter (n° 1728) expose un cas pareil où, par suite de l'union imparfaite d'une veine, le contenu de l'abcès s'était mêlé au sang.

De même que le processus de réparation a été décrit de diverses manières par les auteurs, les différentes théories proposées ont conduit à différents types de traitement. Au Collège Vétérinaire, même au cours des dernières années, on enseignait publiquement qu'un coagulum dans une veine était une substance étrangère et qu'il fallait l'enlever ; et la veine jugulaire des chevaux qui avaient été saignés était quelquefois incisée sur plusieurs pouces, afin d'enlever le coagula qui se formait dans les parties successives de son trajet.

Qu'un coagulum dans une veine puisse être une substance irritante a été pleinement prouvé (sections I et II) ; mais l'irritation dépend du mélange accidentel de matières étrangères : et l'inflammation des veines, produite par le contact du sang impur, demande à être soigneusement distinguée du mode naturel d'union par la première intention.

Supprimer les coagulations qui se sont formées autour des sécrétions purulentes (si elles pouvaient être reconnues), pourrait revenir à supprimer une cause d'irritation ; mais les supprimer dans les cas ordinaires, c'est supprimer les moyens mêmes préparés par la nature pour la restauration et la sécurité de la pièce. Dans les opérations impliquant de grands navires, les conditions locales qui peuvent influencer les actions dans les veines ne semblent pas avoir été entièrement déterminées ; car tandis que certains chirurgiens considèrent le ligature ou l'incision d'une veine comme une opération sérieuse, d'autres ont l'habitude de le faire sans aucune précaution inhabituelle. Dans les opérations sur les tumeurs hémorroïdaires, les veines atteintes sont d'une certaine dimension, et dans deux des cas rapportés en annexe, une ligature appliquée sur celles-ci a été suivie de dépôts purulents. Dans la manière habituelle de faire passer une aiguille armée d'une double ligature à travers la base d'une telle tumeur, les veines hémorroïdaires sont nécessairement parfois blessées, et il y a danger qu'en nouant les ligatures, les côtés d'une veine blessée puissent être séparés. . Le vaisseau peut ainsi être maintenu ouvert et être dans un état similaire aux vaisseaux contenus dans les structures osseuses.

Un moyen sûr d'effectuer cette opération, lorsqu'elle est autorisée, consiste à détruire une partie de la membrane muqueuse avec de l'acide nitrique fort. Le sang dans les vaisseaux se carbonise alors et leurs cavités sont obstruées, jusqu'à ce qu'elles soient définitivement fermées par une inflammation adhésive. Tout moyen de traiter une lésion locale qui tend à produire une consolidation ou une adhérence saine peut être considéré en quelque sorte comme un mode de traitement préventif. La position, les applications topiques, les bandages et la température peuvent tous avoir une influence sur la production de ces actions saines ; mais comme les blessures qui précèdent les dépôts purulents sont généralement caractérisées par de faibles puissances, les conditions qui tendent à revigorer les parties sont principalement indiquées. "Lorsque l'action est supérieure à la force, il faut utiliser tout ce qui a tendance à élever la puissance au-dessus de l'irritabilité : le but de cette pratique consiste à amener la force de la constitution et des parties aussi près que possible de l'action, par laquelle signifie qu'une résolution bienveillante ou une suppuration peut avoir lieu, selon que les parties sont capables d'agir. L'irritabilité d'une plaie n'apparaît souvent qu'une série de tentatives pour provoquer une action qu'elle n'a pas le pouvoir d'accomplir : dès que ce que la nécessité des parties exige pour leur santé est accompli, l'irritabilité se manifestera. cesser. Dans de tels cas, tout ce qui confère la force nécessaire pour mener à bien l'action prévue préviendra l'inflammation. Mais aucune application locale ne suffira à produire cet effet, à moins que les pouvoirs de la Constitution ne soient soutenus en même temps.

Un homme corpulent a été blessé à l'arrière de la tête par une pointe de fer ; il restait très bas, se plaignant parfois du manque de nourriture. Des hémorragies répétées se produisirent à intervalles d'un jour ou deux, qu'aucune application locale ne put supprimer, et il mourut finalement des suites d'une perte de sang. Il a été constaté que la blessure s'étendait à travers l'os jusqu'au sinus latéral, qui ne contenait qu'un peu de sang liquide. Aucune action inflammatoire n'avait eu lieu dans le crâne et aucune tentative n'avait apparemment été faite pour fermer le vaisseau blessé. Toute sécrétion viciée au contact des bords lacérés du vaisseau aurait, dans ce cas, libre accès à la circulation.

Le traitement constitutionnel des cas susceptibles de donner lieu à des dépôts purulents est de la plus haute importance ; car pendant la cicatrisation de la blessure primaire, le système peut être influencé par des remèdes qui peuvent ensuite se révéler tout à fait inutiles. Il est évident, observe M. Cruveilhier, [39] que le traitement de la phlébite doit se concentrer sur la première période de la maladie, c'est-à-dire celle de la coagulation du sang ; car dès que le pus s'est mêlé au sang circulant, les médicaments ne servent généralement à rien. Lorsqu'il y a des signes d'extension de l'inflammation le long d'une veine, le mode de traitement habituellement adopté dans ce pays a été l'administration de calomel et d'opium ; et, en France, saignée générale, mais surtout application d'un grand nombre de sangsues. « On peut maîtriser l'inflammation des veines, quelle que soit leur situation, par des saignées générales, et surtout par des hémorragies locales, répétées suffisamment souvent et en quantité suffisante ! [40] Il est vrai que les patients se rétablissent après un tel traitement ; mais les rapports publiés sur les cas se terminent souvent par une description telle que celle-ci : « Le patient a été saigné à plusieurs reprises, et avec un soulagement apparent à chaque fois, le sang étant extrêmement volumineux. Cependant, deux jours avant la mort, le principe vital *était tellement épuisé qu'il a fallu utiliser des cordiaux !!* "

Si l'explication déjà donnée du mode d'adhésion dans les veines est correcte, ni l'opportunité du saignement, ni celle de l'administration de mercure, en règle générale, ne tirent beaucoup d'appui d'une considération de la pathologie de la maladie. Une expérience comparative minutieuse manque encore avant que nous puissions former un jugement satisfaisant sur la valeur de ces remèdes. Les vues théoriques sur la base desquelles ils ont été adoptés ne sont confirmées ni par les enregistrements statistiques des cas, ni par les principes d'une saine physiologie. Les preuves numériques dont nous disposons dans certains cas tendent même à indiquer un plan de traitement opposé.

A une époque où la fièvre puerpérale sévissait, quarante cas atteints d'une forme quelconque de la maladie, « furent traités sans aucun saignement ni sangsue, ou sans aucune tentative pour provoquer les effets constitutionnels du mercure ; et parmi eux, deux seulement moururent ». [41] « Dans les habitudes irritables, lorsque l'inflammation devient plus diffuse », dit M. Hunter, « le saignement doit être effectué avec une grande prudence : même un pouls rapide et dur et un sang abondant ne sont pas toujours fiables. Les indications de saignement étant la méthode appropriée pour résoudre l'inflammation ; il faut en tenir davantage compte. Il est très important de connaître la nature du sang ; car, même s'il s'avère volumineux, s'il reste accroupi dans le bassin, et n'est pas de texture ferme, et si les symptômes sont en même temps très violents, le saignement doit être effectué avec parcimonie, voire pas du tout ; car je soupçonne que dans un tel état de sang, si les symptômes persistent, le saignement n'est pas Si nous avions des médicaments qui, lorsqu'ils sont administrés par voie interne, pourraient être pris en compte dans la constitution, et qui seraient dotés du pouvoir de contracter les vaisseaux, tels, je le crains, seraient des médicaments appropriés. L'écorce a certainement cette propriété. , et est d'un service singulier, je crois, dans toute inflammation accompagnée de faiblesse ; et par conséquent, je conçois, cela devrait être donné plus souvent qu'on ne le fait habituellement.

Chez des femmes saignantes atteintes de fièvre puerpérale au cours d'une épidémie, dans laquelle la maladie se terminait fréquemment par des dépôts purulents, j'ai vu quelquefois une couche irrégulière, transparente et bleuâtre se former à la surface du sang, presque immédiatement après l'opération ; en conséquence, on avait parfois recours à une répétition des saignements, lorsque les stades ultérieurs de la maladie semblaient indiquer qu'ils n'étaient pas nécessaires. La couche transparente de lymphe à la surface du sang peut, dans de tels cas, n'être qu'une indication de sa tendance à se séparer en ses différentes parties, comme décrit précédemment. De gros saignements, dans de telles circonstances, dans la mesure où ils tendent à diminuer le pouvoir de coagulation déjà affaibli du sang, peuvent prédisposer à l'infection de l'organisme et à la formation de dépôts purulents. L'influence du mercure sur le système, comme illustré dans le cas XXVI , peut avoir la même tendance.

L'action du mercure, autant qu'on peut la suivre à la surface du corps, est certainement défavorable soit à l'union par première intention, soit à l'inflammation adhésive ; et, dans la mesure où la sécurité du patient, après une blessure ou une blessure, dépend de la bonne exécution de ces processus, son effet sur le système doit être considéré comme présentant un avantage au moins douteux.

Lorsque la salivation a été provoquée, le sérum est versé et la texture des gencives est relâchée et rendue spongieuse. Lorsque la lymphe s'épanche sur l'iris, l'action du mercure détache ses adhérences et dissout ses connexions ; on ne peut donc pas supposer que son effet sur le système devrait rendre plus forte l'union des vaisseaux divisés, ou plus fermes les adhérences nouvellement formées dans les plaies.

Les cas dans lesquels se forment habituellement des dépôts purulents indiquent un état de constitution affaiblie. Ils sont beaucoup plus fréquents dans les grandes villes qu'à la campagne, et à l'hôpital que dans les cabinets privés. Les influences déprimantes qui donnent naissance à l'érysipèle ou fièvre puerpérale prédisposeront aussi à la formation de ces abcès ; et de même qu'une alimentation insuffisante, une perte de sang, des opérations chirurgicales débilitantes et des chambres surpeuplées ont été trouvées parmi les causes de la première, on peut également les considérer comme favorisant la production de la seconde.

Le Traitement de l'Inflammation des Veines, dont proviennent fréquemment les dépôts purulents, est ainsi parlé, après une observation mûrie : « Toute l'expérience que j'ai eue à ce sujet me ferait croire que, comme l'érysipèle, elle a son origine dans un état asthénique bas du système, et que les personnes qui y sont particulièrement sujettes sont particulièrement affaiblies par une hémorragie au moment d'une opération, ou par un régime trop maigre par la suite. Une opération est un choc sur le système. ce qui fait une grande sollicitation des forces vitales. Les effets de ce choc sont souvent très aggravés par la perte de sang, et une alimentation très maigre rend en fait le patient plus sujet à certaines sortes d'inflammation. Notre mode de pratique devrait plutôt être de soutenir ses pouvoirs en lui permettant une alimentation saine, et sans ajouter à l'influence des autres causes déprimantes, la pire encore de la famine. [42]

L'influence réductrice du mercure peut être considérée de la même manière. Il ne fait guère de doute que, tout en favorisant d'une part l'absorption des fluides viciés, cela peut, d'autre part, rendre le système moins capable de résister aux conséquences néfastes qu'ils produisent.

De même que de nombreuses circonstances, outre la simple débilité, tendent à déprimer les forces vitales, de même les médicaments toniques et une alimentation généreuse ne doivent pas être considérés comme les seuls modes de traitement préventif. Chaque cas qui se présente dans la pratique peut présenter une certaine particularité ; dans un cas, il s'avérera que le patient a déjà souffert de diabète ; dans un autre, d'une maladie de la rate ; et dans un troisième, d'une maladie organique du rein ; et, dans chacun de ces cas, un mode de traitement particulier peut être requis.

Le traitement général de cette maladie, une fois que la formation de dépôts purulents a commencé, est probablement aussi peu satisfaisant que celui de toutes celles qui tombent sous l'attention du chirurgien. Le caractère tout entier de l'affection est caractérisé par ce qu'on a justement désigné comme une action sans pouvoir. L'excitation du système imitera tous les actes d'une véritable inflammation, sans aucun de ses résultats sains ; et la perte d'énergie apparaîtra immédiatement après, ou même surviendra en conjonction avec, les premiers symptômes d'une action accrue.

Dans le traitement de pareils cas, il faut garder à l'esprit que les inflammations secondaires ne sont pas la maladie, mais l'effet d'une cause cachée, qui peut se développer dans n'importe quelle partie de l'organisme ; et que, tandis que le soulagement d'un organe est recherché par l'épuisement ou par des remèdes mercuriels, une vigueur supplémentaire peut être donnée au mal latent, de manière à le rendre plus prêt à se développer dans une autre partie.

Lorsqu'il se produit des dépôts purulents, les congestions soudaines qui indiquent leur commencement ne s'accompagnent d'aucune action réparatrice, et la lymphe, qui s'épanche au second degré de leur formation, n'est pas disposée à circonscrire et à limiter l'inflammation ; il n'existe donc aucun processus naturel par lequel de telles collections de fluide puissent être évacuées ; par conséquent, lorsqu'ils sont situés près de la surface, ils doivent être ouverts dès qu'ils sont détectés. Il arrive parfois qu'après le début des symptômes de l'inflammation secondaire des organes internes, un abcès se présente près de la surface du corps, et un soulagement est apporté à la partie premièrement affectée ; à d'autres moments, une diarrhée tenace et violente précédera la guérison. Bien que le mode de traitement adopté puisse avoir peu d'influence sur l'apparition ou l'arrêt de telles actions salutaires, il est important d'en surveiller l'apparition, et peut-être plus important encore, de veiller à ne pas confondre une action curative avec un symptôme de la maladie. maladie.

« Quel traitement, dit Cruveilhier, opposer à l'infection purulente ? A cette question l'expérience est encore muette, tandis que la théorie semble indiquer des stimuli diffusibles et des toniques ; de l'ammoniaque, de la quinine et des sudorifiques ; des applications chaudes extérieures. aux bains de vapeur, aux purgatifs et surtout aux émétiques, à l'antimoine tartarisé à fortes doses, aux vésicatoires et aux diurétiques forts. Le calomel a été largement employé pour créer une fluxion à partir de la muqueuse intestinale ; mais tous ces moyens ont a échoué aussi nettement dans mes mains que dans celles des autres : cependant, lorsque l'injection de matières putrides dans les veines des animaux vivants a été suivie d'évacuations abondantes et très fétides, ils se sont généralement rétablis. C'est un fait fondamental de la pathologie. que le canal intestinal est surtout atteint dans les maladies causées par des miasmes. Je suis certain que les maladies résultant d'une infection purulente ne seraient pas frappées du sceau de l'incurabilité, et que la nature, seconde par l'art, triompherait dans la plupart des cas, si la le pus, qui se renouvelle sans cesse, ne renouvelle pas sans cesse les sources d'infection. Dès que les symptômes constitutionnels se manifestent, ni les hémorragies générales ni les hémorragies locales n'apportent aucun avantage. Une partie des *matières morbi* est sans doute extraite du sang ; mais, comme elle se reproduit constamment, la constitution est seulement privée du pouvoir qu'elle aurait autrement de résister à la maladie. » [43] Conformément à cette remarque, M. Gaspard a constaté que les animaux qui guérissaient après l'injection d'un une certaine quantité de pus dans leurs veines, mouraient souvent quand l'expérience était répétée. La guérison était habituellement précédée par des évacuations noires, liquides et extrêmement fétides, qui semblaient souvent apporter un soulagement immédiat. Lorsque de telles évacuations ont eu lieu dans d'autres maladies, les la vésicule biliaire a été trouvée distendue par de la bile noire, et il semble probable que le foie, dans ces cas, est l'un des principaux organes par lesquels on ^{tente} de nettoyer le système. pourrait être contrôlé, l'action mercurielle, à ce stade de la maladie, pourrait être utile, en permettant au foie, ou à d'autres organes, d' évacuer leurs sécrétions viciées. Lorsque les patients se rétablissent de dépôts purulents (cas III et XXVII), ils sont souvent laissés dans un état débilité et languissant, dans lequel les toniques ordinaires exercent peu d'influence. Les conséquences de la maladie semblent persister dans le système, longtemps après que la cause qui l'a provoquée a disparu. Le pouls restera parfois irritable, et il y aura une tendance à des troubles des sécrétions de la peau, des intestins et d'autres organes, accompagnés de légères crises occasionnelles de fièvre. Dans cette condition, une cure alternative de mercure, combinée à la salsepareille, s'est avérée bénéfique. Ces remèdes, en stimulant l'activité des organes excréteurs, peuvent aider la constitution à se débarrasser de la maladie ; et leur mode d'action peut être le même que dans d'autres cas où le système a été infecté par un poison animal.

ANNEXE DES CAS.

A. CAS D'INFLAMMATION SECONDAIRE, ACCOMPAGNÉS DE MORTIFICATION DE LA PEAU.

CAS I. William Ford, 33 ans, un homme apparemment en bonne santé, a été saisi du symptôme d'une hernie étranglée, à Harrow, le 28 décembre. Il avait du sang dans les deux bras ; mais comme la hernie n'était pas réduite, il fut envoyé à la ville, dans un état d'inquiétude et de souffrance considérable. Durant son voyage, la hernie est revenue d'elle-même. Il partit tout soulagé, et resta bien jusqu'au 31, où il eut une rigueur. Le 1er février, il y eut une excitation fébrile considérable, et la partie antérieure du bras gauche était rouge, enflée et douloureuse à la pression. La sensibilité et la douleur s'étendirent bientôt jusqu'au bras, le long de la veine céphalique : la rougeur prit le caractère d'un érysipèle. Le 3, il fut malade, les matières vomies étant vertes et acides. Il eut deux frissons sévères, suivis d'une grande chaleur cutanée et d'un pouls rapide et plein. L'orifice du bras gauche évacuait un liquide séreux fin. Le 4, il se plaignait d'une raideur au bras droit ; aussi d'être très faible et faible. 5ème. J'ai beaucoup erré pendant la nuit. Le bras droit était très enflé vers l'extrémité de l'articulation du coude, et présentait une tache d'un rouge vif au-dessus du condyle. Le pouls était faible et tremblant ; des mouvements des mains étaient parfois observés. Il se plaignait de douleurs à l'annulaire de la main droite et à la pointe du gros orteil droit. La peau, dans ces deux situations, avait pris une apparence rouge. 6ème. A déliré pendant la plus grande partie de la nuit ; visage exprimant beaucoup d'anxiété; pouls très faible ; langue recouverte d'une fourrure brune et sèche ; transpiration abondante; se plaignait de douleurs intenses aux mollets. Il est décédé la nuit suivante.

Apparitions post-mortem. Un petit dépôt de pus épais a été trouvé sur la surface externe de la veine céphalique gauche. Le sang était coagulé dans sa cavité, ses tuniques étaient épaissies et sa membrane muqueuse paraissait très rouge. Cette rougeur se retrouvait, quoique à un moindre degré, dans toute l'étendue de la veine innominée. Du côté droit, le tissu cellulaire, tant au-dessus qu'au-dessous de l'articulation du coude, était fortement distendu par le sérum. La veine céphalique du bras droit présentait des traces d'inflammation ; mais pas dans la même mesure que du côté opposé. Les articulations dans lesquelles des douleurs avaient été ressenties au cours de la vie étaient distendues par du pus trouble ; des dépôts de pus ont également été trouvés dans le médiastin antérieur et entre l'œsophage et la trachée. Une large tache gangreneuse a été observée sur la peau du mollet de la jambe droite. Le tissu cellulaire sous-jacent était très distendu par le sérum.

CAS II. Richard Mason s'est fait retirer une petite tumeur cancéreuse de la lèvre inférieure. L'opération fut pratiquée de la manière habituelle, et la blessure parut cicatriser par la première intention ; cependant un petit abcès, suivi de quelques ulcérations, apparut ensuite au voisinage de la cicatrice. Neuf jours après l'opération, il se plaignit d'un mal de gorge et d'un malaise général, et trois jours après il fut pris de frissons, suivis de sueurs froides et de coma.

Apparitions post-mortem. Un petit dépôt de matière a été découvert, situé sous le fascia de la cuisse gauche. La membrane synoviale du genou gauche était très enflammée et contenait une grande quantité de pus. Du côté droit, la peau de tout le membre inférieur présentait un aspect livide sombre, à l'exception de celle située sur la partie antérieure de la cuisse. La même couleur sombre a été observée dans les muscles du membre, infiltrés de sang et de sérum. Les artères et les veines étaient décolorées, mais ne présentaient par ailleurs rien de remarquable. On a constaté que, deux ans auparavant, ce malade souffrait de diabète ; et en examinant l'urine trouvée dans la vessie, on constata qu'elle contenait du sucre.

CAS III. Jane Thornton, et. 32 ans, a été soigné le 22 mars. Une semaine auparavant, son ancle droit était devenu rouge et douloureux, et l'inflammation s'est ensuite étendue à la face interne de la jambe. Lors de sa première observation, elle était manifestement en mauvaise santé, même si aucun organe ne pouvait être considéré comme particulièrement affecté. Le 28 mars, elle fut atteinte de violents frissons et éprouva des douleurs dans différentes parties de ses membres : les frissons se répétèrent plusieurs jours de suite. L'inflammation de la jambe avait maintenant entièrement disparu et elle se plaignait de douleurs au genou droit, légèrement enflé. Le 31, ses intestins devinrent très détendus ; il y avait une grande dépression générale et une grande agitation nerveuse. Les deux genoux étaient enflés. Les symptômes généraux devinrent alors quelque peu soulagés ; mais le 4 avril, elle fut prise de vomissements qui revinrent fréquemment dans la journée, et furent accompagnés d'une grande dépression et de douleurs intenses dans l'épigastre. Le 5, la maladie persistait, apparemment sans aucune influence sur aucun remède. Elle expulsait des quantités considérables de sang par les selles : son visage présentait une teinte jaune sombre : le pouls était excité, sans puissance, et le sentiment de dépression était considérablement accru. Le 7, les vomissements continuaient et elle saignait toujours dans les selles. Quelques taches d'une couleur violet foncé faisaient maintenant leur apparition sur son visage. Les mains sont devenues légèrement enflées ; et sur celui de droite, de petites taches sombres et livides, semblables à celles du visage, apparurent. Elle souffrait beaucoup de hoquet. Le 9, le visage était très inquiet, le teint plus jaunâtre : quelques taches plus livides apparaissaient sur le visage et les joues. La main et le bras droits étaient enflés et douloureux

: de nouvelles taches livides apparaissaient sur les jointures. Se plaignait souvent de malaises : avait une extrême faiblesse avec des hoquets occasionnels : pouls extrêmement faible : la surface du corps était couverte de sueur froide. Le mal avait entièrement cessé, et il n'y avait pas de sang dans les mouvements : la langue était un peu sèche au centre, mais assez propre. 10ème. Elle erra un peu pendant la nuit, et vomit une fois : du sang reparut dans les mouvements ; la main et le bras droits étaient moins enflés. 11ème. Son visage était anxieux, son pouls à environ 90 et intermittent. Les vomissements sont revenus plusieurs fois. Les taches livides de la main droite n'avaient pas augmenté de taille, mais ressemblaient à de petites lésions superficielles noires distinctes de la peau ; ceux-ci se sont tous arrachés sans suppuration. 12ème. La douleur et le gonflement du bras avaient presque disparu. Les intestins fonctionnaient très librement grâce aux médicaments, et elle se montrait très soulagée. A partir de ce moment, la malade s'améliora lentement mais graduellement, avec un ou deux légers intervalles, jusqu'au début de mai, où elle se plaignit de nouveau de douleurs à la partie interne du bras droit, au-dessus du coude. Une certaine dureté pouvait ici être ressentie au cours de la veine basilique. Quelques petites collections de matière se déposaient maintenant sur le dos de la main droite, ressemblant, à certains égards, à l'éruption d'une variole confluente. Le 11 mai, elle avait retrouvé une grande partie de ses forces, mais ressentait toujours une certaine douleur au coude lors des mouvements. Elle se plaignait également des articulations d'un de ses doigts. Elle a maintenant quitté Londres pour changer d'air.

B. *Le tableau suivant est formé de cas pris consécutivement au cours d'une année.*

Chefs de dossiers.	Période d'inflammation secondaire.	Apparitions post-mortem.
CAS IV. Élisth. Mackintosh, et. 25. Bourse rotulienne enflammée ; inflammation érysipèle au voisinage de l'aisselle droite ; suppression soudaine de la cataménie ; rigueur; péritonite; langue recouverte d'un enduit blanc	Quelques jours après l'apparition de l'inflammation érysipèle ; trois jours avant la mort.	Sérum de couleur foncée, mêlé à des lambeaux de lymphe récemment épanchée, dans la cavité de la plèvre gauche ; de grandes quantités de liquide séro-purulent, avec une lymphe récemment épanchée, dans la cavité péritonéale.

jaunâtre ; maladie; "douleurs attrapantes" dans la région épigastrique.		
AFFAIRE C.JAMES Stevens, et. 46. Plaie perforante du doigt en ouvrant un lapin ; inflammation cellulaire diffuse du bras droit ; douleurs spasmodiques et « accrocheuses », principalement référées à l'épigastre ; expectoration de liquide sanglant.	Vingt-sept jours après la blessure ; environ sept jours avant la mort.	Liquide sanglant dans la cavité de la plèvre gauche ; pus dans l'articulation du coude gauche.
CAS VI. William Collins, et. 36. Contusion de la rotule, causée par la roue d'un chariot ; guérison apparente; rougeur érysipèle sur le même genou ; rigueur; Impulsion rapide; peau chaude, suivie de sueurs, de douleurs dans la tête, d'agitation, de délire.	Vingt jours après l'accident ; trois jours avant sa mort.	Cavité de l'articulation du genou contenant une quantité de liquide grumeleux épais, apparemment un mélange de sang et de synovie ; dégénérescence fibreuse d'une partie du cartilage de la rotule ; sérum trouble dans le tissu cellulaire sous-arachnoïdien ; points sanguinolents dans le cerveau, plus gros et plus nombreux que naturels ; partie postérieure des deux poumons gorgée de sang.
CAS VII. Maria Martin, et. 39. Carie et nécrose du tibia,	Plusieurs mois après la survenue d'une carie du tibia ; quelques jours avant la mort.	La peau de la partie supérieure de la jambe et de toute la cuisse est d'apparence marbrée,

avec gros ulcère de la jambe.

		causée par de vastes taches sombres de gangrène naissante ; le tissu cellulaire du membre infiltré de lymphe et de pus.
CAS VIII. George Mason, et. 42. Fracture comminutive composée des os métacarpiens ; inflammation des absorbants; rougeur érysipèle de la peau; abcès secondaire dans le bras affecté ; rigidité des muscles de la langue; trismus; affection universelle des muscles.	Neuf jours après la blessure ; vingt-deux jours avant le décès.	Degré accru de congestion, tant dans la substance grise que blanche du cerveau ; substance du pont Varolii et de la moelle allongée de couleur rosée et présentant des stries irrégulières de vascularisation accrue ; rate molle et quelque peu congestionnée.
CAS IX. Sarah Leg, et. 50. Nécrose d'une partie du tibia, accompagnée d'un gros ulcère fétide.	Quelques jours avant la mort.	Épanchement de sérum et de lymphe dans le tissu cellulaire qui entoure le pharynx et l'œsophage ; inflammation et ulcération de la membrane muqueuse du larynx; légère inflammation des poumons; la rate d'une couleur rouge grisâtre, plus solide et plus facilement lacérée que la rate naturelle.
CAS X. Elizabeth Moleno, et. 42. Hernie fémorale étranglée du côté	Huit jours après l'opération ; quatre jours avant la mort.	La membrane tapissant la veine saphénique interne droite, d'une couleur sombre et livide partout,

gauche ; opération;
rougeur érysipèle
autour de la plaie le
troisième jour, suivie
de nausées, de sueurs
froides et de délire ;
plusieurs taches
sombres sur la peau
de la jambe droite.

la cavité du vaisseau
remplie d'une grande
quantité de sang coagulé
mêlé de liquide puriforme
; pus dans la veine iliaque
commune ; épanchement
de sérum autour des
veines de la jambe ; foie
gros et congestionné ;
dégénérescence marbrée
des deux reins.

CAS XI. Jane Cox, et.
60. Plaie du cuir
chevelu ; érysipèle de
la tête et du visage;
fracture transversale
de la malléole
externe, suivie d'une
suppuration de
l'articulation de la
cheville.

Peu de temps avant sa
mort.

Mortification de la peau
de la partie inférieure de
la jambe, de la cheville et
du pied ; légère
extravasation de sang
dans la cavité
arachnoïdienne et dans la
substance cérébrale ;
reins de structure
grossière et
remarquablement mous.

CAS XII.
Bartholomew
Sullivan, et. 27. Plaie
lacérée et
contusionnée de la
jambe, suivie d'une
inflammation
cellulaire diffuse et
d'une inflammation
des absorbants ;
délire; une grande
tache de
mortification
distincte, entourée
d'une congestion
rouge vif, est apparue
dans l'aine droite la
veille de sa mort.

Cinq jours après
l'accident ; huit jours
avant sa mort.

Mortification de la peau
et du tissu cellulaire de la
jambe droite ; les veines
du membre saines ; rate
d'une couleur pâle et très
molle.

CAS XIII. George Foscutt, et. 24. Fracture du fémur dans l'articulation du genou ; rigueurs; érysipèle du membre, mal défini et très lent dans sa progression ; coma; abcès à la jambe et à la cuisse; mortification de la peau sur le dos du pied et sur la hanche gauche.	Six jours après l'accident ; vingt-deux jours avant sa mort ; douleur à la poitrine la veille de son décès.	Hépatisation des deux poumons, avec abcès secondaires dans le poumon gauche ; reins de texture molle et grossière, la gauche présentant un petit dépôt de matière apparemment tuberculeuse ; rate grosse, pâle et molle.
CAS XIV. William Wright, et. 30. Fracture de la rotule ; érysipèle irrégulier; diarrhée; abcès dans la jambe et dans l'articulation du genou.	L'érysipèle est apparu un mois après la fracture de la rotule, et à peu près au même moment avant sa mort.	Épanchement lymphatique dans la plèvre ; abcès secondaires à différents stades de formation dans les deux poumons et dépôt de lymphe dans un rein.
CAS XV. Henry Bateman, et. 19. Fracture du péroné ; inflammation cellulaire diffuse de la jambe; suppuration dans l'articulation du genou; nécrose d'une partie du péroné.	Trois mois après l'accident ; trois semaines avant sa mort.	Épanchement récent de lymphe sur la plèvre ; abcès secondaire naissant dans les deux poumons ; le tibia exposé, et sa structure d'une couleur noire et douce.
CAS XVI. John Clark, et. 45. Grande plaie du cuir chevelu ; rigueur; suivi d'une paralysie d'un côté ; une partie d'os exposée, d'une couleur vert foncé et,	Dix-neuf jours après l'accident ; trois avant la mort.	Épanchement de lymphe entre la dure-mère et l'os, et de pus et de lymphe dans la cavité de l'arachnoïde ; du pus mêlé de sang dans le sinus longitudinal supérieur ; dépôt de

une fois retirée, d'une odeur putride.

lymphe dans la structure de la pie-mère; lymphe récemment épanchée dans la cavité de la plèvre gauche ; abcès secondaires du poumon gauche.

CAS XVII. Matthew Elmes, et. 37. Blessure au poignet ; inflammation cellulaire diffuse; abcès dans le tissu cellulaire et dans l'articulation du poignet ; extrémité inférieure du radius dénudée ; douleurs dans diverses parties du corps, notamment la tête et l'abdomen.

Le dixième jour après son admission à l'hôpital ; quatre jours avant sa mort.

Abcès secondaires, à divers stades de formation, dans les deux poumons ; suppuration entre les différents os du carpe ; les deux reins sont gros, de texture grossière et flasques ; la rate est molle, facilement lacérée et de couleur pâle.

CAS XVIII. Mary Hopkins, et. 19. Ulcération des cartilages, suivie d'une suppuration de l'articulation du genou ; amputation; érysipèle irrégulier sur diverses parties.

L'érysipèle est apparu une semaine après l'amputation ; seize jours avant la mort.

Faible inflammation d'une partie du poumon gauche ; taches de dépôt de couleur foncée dans la rate.

CAS XIX. John Wilkinson, et. 56. Fracture ouverte du tibia droit ; inflammation autour de la plaie, avec amas de matière ; léger délire; maladie.

Douleur au côté droit une semaine après son admission.

Sérum trouble dans la cavité pleurale droite ; abcès secondaires naissants dans les deux poumons ; gros kystes dans le rein.

Cas XX. James Bryant, et. 20. Plaie du cuir chevelu, dénudant l'os ; gonflement du cuir chevelu au dix-huitième jour ; frissons, suivis de transpirations abondantes ; agitation; délire; projection des globes oculaires.	Vingt-quatre jours après l'accident ; cinq jours avant la mort.	Os exposé à hauteur d'un shilling, de couleur jaune et à diploë très foncé ; épanchement de lymphe et de pus entre la dure-mère et l'os, s'étendant jusqu'à la base du crâne et à travers les fissures sphénoïdales jusqu'aux orbites ; épanchement de pus dans la cavité arachnoïdienne; abcès secondaires naissants dans le lobe inférieur du poumon gauche ; rate grosse et très molle, marbrée ; dégénérescence des deux reins.
Cas XXI. James Williams, et. 41. Fracture de l'extrémité inférieure du radius gauche ; inflammation cellulaire diffuse du bras au bout de quatre semaines ; abcès du membre, dont l'un communiquait avec la fracture ; diarrhée; vomissement; langue sèche et brune.	Dix semaines après l'accident ; une semaine avant le décès.	Grande cavité contenant des matières fétides, en contact avec le sacrum, qui était exposé ; abcès entre les os du poignet et de la main gauche ; rate molle, congestionnée et grumeleuse.
Cas XXII. John Munday, et. 36. Prolapsus anal ; hémorroïdes; opération; rigueur; anxiété du visage;	Le huitième jour après l'opération des hémorroïdes ; le quatrième avant la mort.	La membrane muqueuse de tout le gros intestin d'une couleur très foncée ; des parcelles encombrées sont projetées en plis proéminents ; lymphe

grande chaleur de la peau ; pouls 150.		récemment épanchée sur la plèvre droite ; abcès secondaires dans les deux poumons.
AFFAIRE XXIII. Esther Polley, et. 50. Plaie lacérée du pied ; séparation d'une petite partie de la base de l'un des os métatarsiens ; douleur dans la poitrine; Impulsion rapide; dépression, avec délire.	Le dixième jour après l'accident ; le troisième avant la mort.	Une double fracture du cinquième métatarsien ; inflammation de la plèvre droite; abcès secondaires du poumon droit.
CAS XXIV. Henry Lacy, et. 26. Plaie du cuir chevelu, exposant l'os ; fracture du crâne; signes de nausée; douleurs à la tête; « mal de ventre » ; somnolence et insensibilité; hémiplégie; contractions musculaires; portions d'os enlevées par le trépan, près du sommet de la tête.	Le dix-huitième jour après l'accident ; et une semaine avant le décès.	Matière jaune dans la diploë des os pariétaux, au voisinage de la partie où le trépan avait été appliqué ; épanchement lymphatique à la surface de la dure-mère ; pus et lymphe dans la moitié postérieure seulement du sinus longitudinal ; épanchement de pus dans la cavité de l'arachnoïde; du sérum sanglant dans les deux cavités pleurales ; abcès secondaires naissants dans le foie.
AFFAIRE XXV. Thomas Meed, et. 15. Blessure à la jambe ; petit sinus suppurant à l'extérieur du membre ; érésipèle; diarrhée; coma.	Vaisseaux à la surface du cerveau congestionnés ; ventricules latéraux distendus par du liquide ; une épaisse couche de lymphe purulente sur la	

	membrane arachnoïdienne à la base du cerveau ; quelques légères taches d'ecchymoses sur la face antérieure des deux poumons.	
Cas XXVI. Thomas Daffey, et. 42. Hémorroïdes ; opérations ; rigueurs; maladie; grandes douleurs abdominales; diarrhée; hoquet. Ce patient avait été salivé avant l'opération des hémorroïdes.	Le dixième jour après l'opération ; et le neuvième avant la mort.	Abcès secondaires naissants dans le poumon droit ; foie constellé, dans toute son étendue, d'abcès secondaires ; muqueuse du rectum de couleur verdâtre foncée; épanchement de pus et de lymphe dans les veines hémorroïdaires et mésentériques inférieures ; cavité de l'articulation du genou gauche distendue par du pus ; rate molle, pultacée et épaisse parsemée de taches de couleur foncée.

C. Cas XXVII. George Burton, et. 22, un gros navigateur, a été vu pour la première fois le 18 septembre 1848. Il avait une énorme desquamation de la peau et de la membrane cellulaire, recouvrant la partie inférieure de l'abdomen du côté droit. Il racontait de lui-même une histoire très imparfaite et paraissait souvent incapable de comprendre les questions qui lui étaient posées. La peau était chaude et sèche, le pouls était à 130. Pendant plusieurs jours, il resta dans le même état d'apathie. Les intestins étaient particulièrement obstinés, et les médicaments purgatifs qu'on administrait ne produisaient aucun effet.

Lorsque la mue s'est séparée, la surface du muscle oblique externe est restée aussi propre que si elle avait été récemment disséquée. La peau était quelque peu fragilisée et aucune tentative n'était apparemment faite pour limiter la progression de la maladie par l'épanchement lymphatique. Des portions fraîches de tissu cellulaire furent par conséquent affectées, et toute la surface finalement exposée mesurait six pouces de diamètre. 25 *septembre* . Se plaint de douleurs dans la poitrine et dans la partie supérieure de l'abdomen ; a une toux brève et constante ; transpire très librement. 26. Le pouls est devenu plus faible, mais reste de la même fréquence (130). Il communique une sensation particulière de secousse au doigt. 28. Pouls 96, plus faible ; légère diarrhée; il a vomi plusieurs fois dans la journée. 29. Agité, avec délire. 30ème. J'ai passé une autre nuit agitée, mais l'état s'est amélioré au cours de la journée ; son appétit est revenu. 5 *octobre* . Son appétit manqua de nouveau ; se plaignait d'une sensation de distension au niveau de l'abdomen. 8ème. Un abcès a été découvert à la partie inférieure et arrière de la jambe droite ; la peau au-dessus présentait diverses nuances de jaune et de brun, donnant l'impression d'avoir été largement meurtrie. Environ deux onces de pus décoloré furent évacuées, ainsi qu'une quantité considérable de sang grumeleux. 10ème. S'est beaucoup amélioré depuis le dernier rapport ; la plaie laisse échapper du sang sombre, semi-coagulé. 13ème. Un second abcès se présenta alors dans la même jambe, et la peau qui la recouvrait prit le même aspect décoloré que dans le premier cas. Une fois ouvert, il libérait du sang semi-coagulé de couleur foncée avec la matière. Sa santé s'améliora rapidement et il se rétablit enfin parfaitement.

CAS XXVIII. Samuel Todd, et. 58, tomba d'un chariot à quinze milles de la ville et fut remonté dans un chariot découvert, pendant une forte gelée. Il y avait une fracture ouverte de la jambe gauche. Deux jours plus tard, il souffrait d'une inflammation cellulaire autour de la plaie. Au 24ème jour, il a eu une légère rigidité, et s'est plaint d'une légère raideur à l'épaule droite. Il mangea et but bien jusqu'à deux jours après sa mort, qui eut lieu le trente-quatrième jour.

Apparitions post-mortem. Les deux poumons contenaient des abcès secondaires, à différents stades de formation. Les veines iliaques externes gauches et fémorales communes étaient obstruées par un coagula ferme, et confinées par elles se trouvait une quantité de liquide d'apparence purulente ; une couche adhérente pourrait, sur une certaine distance, se décoller de la surface interne de ces vaisseaux.

CAS XXIX. James Howard, et. 33, avait un petit abcès au dos du pied droit, qui fut suivi d'une inflammation des absorbants ; des abcès se sont ensuite formés à la cuisse droite et à l'aine. Deux mois après la première apparition de l'abcès au pied, il fut pris de frissons, de vomissements et de transpiration abondante. Il se plaignait également de douleurs dans la partie inférieure du poumon gauche, et on disait que le souffle respiratoire était déficient dans cette situation. Il est décédé le 23ème jour des suites de l'apparition des symptômes de l'affection secondaire.

APPARITIONS POST-MORTEM. La peau et les conjonctives étaient d'une couleur jaune clair ; il y avait des incisions à l'aine droite. Dans la cavité de la plèvre droite, il y avait quelques plaques de lymphe récemment épanchée, d'une couleur jaunâtre. Dans le lobe inférieur du poumon droit, il y avait plusieurs plaques de dépôt secondaire ; ceux-ci se trouvaient à différents stades de leur formation, et certains d'entre eux étaient de taille considérable ; quelques-unes des veines pulmonaires, voisines de celles qui avaient suppurées, contenaient un liquide ressemblant à du pus. Du côté gauche se trouvait un petit abcès, sous la plèvre costale. Le foie était de structure saine, plutôt plus gros que d'habitude. Des reins en bonne santé. Les veines de l'aine présentaient une apparence saine.

CAS XXX. Un homme fut opéré de la manière habituelle pour des tumeurs hémorroïdaires et mourut peu de temps après, avec un épanchement de sérum sanglant dans une des cavités pleurales. La seule particularité qu'on pût déceler dans l'aspect du rectum, c'était que le sang était encore fluide dans une des plus grosses veines. Cette veine conduisait directement à un ulcère produit par l'opération ; et, même à son extrémité, il ne contenait aucune apparence de coagulum.

D. CAS DANS LESQUELS DES LIQUIDES VICIÉS ONT ÉTÉ OBSERVÉS DANS LES VEINES DE L'UTÉRUS APRÈS L'ACCOUCHEMENT D'UN ENFANT.

CAS XXXI. [45] Le deuxième jour après un travail naturel, une femme a eu des frissons prolongés, qui ont été suivis de douleurs abdominales et d'une transpiration abondante. Le quatrième jour, elle fut atteinte de syncope et de vomissements bilieux, accompagnés d'une extrême prostration. Le cinquième jour, les douleurs abdominales, apaisées, réapparurent avec agitation et délire. Le sixième, elle avait des sueurs froides, un pouls irrégulier, une respiration rapide et des vomissements. Elle est décédée le lendemain matin.

Apparitions post-mortem. Il y avait une petite quantité de sérum limpide dans la cavité du péritoine. Certaines veines utérines contenaient un liquide trouble. Le cœur était à moitié rempli de sang brun. Les poumons étaient congestionnés et les autres organes naturels.

CAS XXXII. Une femme de vingt-deux ans, d'un tempérament nerveux, fit une fausse couche au bout du premier mois. Elle fut presque aussitôt prise de frissons et de vomissements bilieux, accompagnés de douleurs dans les reins et dans l'hypogastre. Le lendemain, il y a eu le coma, avec des signes d'extrême faiblesse. Le troisième jour, la conscience est revenue. Il y avait des difficultés d'articulation et des gémissements. Les extrémités devinrent froides, le pouls imperceptible, et la mort survint le même jour.

Apparitions post-mortem. Le péritoine était légèrement injecté et contenait une petite quantité de sérum rougeâtre. Le col de l'utérus était recouvert d'une couche de pus. Une lymphe semi-transparente a été trouvée dans certaines veines utérines. Le cerveau et d'autres organes ont été retrouvés sains.

CAS XXXIII. Une jeune fille faible, âgée de 21 ans, a été accouchée à l'expiration du huitième mois. Le quatrième jour, il y eut des frissons et un évanouissement prolongé. Le lendemain matin, elle a eu des douleurs abdominales aiguës, de la fièvre et de la diarrhée. Au septième jour, tous les symptômes avaient disparu, mais au huitième jour les douleurs abdominales réapparurent, accompagnées de syncope. Elle est décédée deux jours après.

Apparitions post-mortem. Le péritoine était légèrement injecté et contenait environ une pinte de sérum rougeâtre. L'utérus était grand, blanc et ferme, ses veines à moitié remplies de sang liquide ; ses lymphatiques sont naturels ; sa surface interne est tapissée d'une couche de sang brun fétide, mais par ailleurs saine ; le col est recouvert d'une fine exsudation grise. Les poumons, le cœur, le cerveau et les autres organes étaient en parfait état.

CAS XXXIV. [46] Anne Biggs, et. 39 ans, accouché le 18 mars 1830, huitième enfant. Le soir de son accouchement, ses manières étaient très excitées. Le 19, elle est incohérente et se plaint de douleurs au mollet de la jambe droite, douloureuses à la pression. Le pouls étant dur, elle saignait jusqu'à huit onces. Le 28, la jambe était enflée et blanche ; la douleur y augmentait beaucoup : vers le soir, le mollet du membre devenait noir, tandis qu'au tendo-achille la peau était chaude, tendre, sèche et marbrée. Les intestins étaient très ouverts, la tête étourdie, le pouls rapide et fort. Elle fut de nouveau saignée à vingt-six onces, et douze sangsues furent appliquées sur la tempe. Le 21, il y eut des nausées, des vomissements et de la diarrhée. Le 23, elle se plaignait beaucoup de confusion dans sa tête, la jambe était assez légère, mais la partie supérieure et intérieure de la cuisse était très sensible. Le 24, la diarrhée continua et la faiblesse s'accentua. Un gonflement dur, environ la moitié de la taille d'un œuf, apparut au poignet, et l'un des orifices pratiqués par la saignée était noir et douloureux. Elle est décédée dans la soirée.

Apparitions post-mortem. Tous les ventricules du cerveau étaient dilatés avec du sérum, et il y avait un épanchement important dans l'arachnoïde et la pie-mère. Les viscères étaient parfaitement sains, sauf le cœur et la rate : cette dernière était très grosse, et en la pressant, il en sortait une grande quantité de matière pulpeuse rouge sale. La membrane qui tapisse l'oreillette et le ventricule droits, une fois lavée, avait une teinte rouge foncé. La veine fémorale, juste à l'entrée de la saphène, et la veine superficielle à l'arrière de la jambe, avaient leurs tuniques très épaissies, de manière à couper comme des artères. Leur membrane tapissante était semblable à celle de la cavité droite du cœur. Lorsqu'ils étaient divisés, de la matière purulente, mêlée à du sang fin et clair, s'échappait. Le tissu cellulaire formant la gaine des vaisseaux fémoraux et sur le mollet de la jambe présentait des marques d'inflammation récente ; mais il n'y avait aucune apparition de pus dans ces situations. Aucune des glandes de l'aine ou du jambon n'était hypertrophiée. La veine cave inférieure semblait saine.

E. CAS DE DÉPÔTS PURULENTS, LIÉS À L'INFLAMMATION DES VEINES APRÈS L'ACCOUCHEMENT, ENREGISTRÉS PAR LE DR. ROBERT LEE DANS LE MED.-CHIR. TRANSACTIONS.

CAS XXXV. Mme Mayhew, et. 33, fut accouché le 2 mars 1829. Le 5, il y eut un écoulement de sang de l'utérus. Du 6 au 20, elle ne se plaignit d'aucune inquiétude dans aucune région du corps, bien que ses forces déclinèrent rapidement. Le visage était d'une teinte jaune sombre. La chaleur de la surface augmenta légèrement ; la respiration était rapide, particulièrement lors d'un effort corporel, et le pouls était au-dessus de 130 et faible ; la langue est pâle et brillante, avec perte d'appétit. L'écoulement lochial avait une odeur particulièrement nauséabonde. Elle est décédée le 28 mars.

Apparitions post-mortem. Lorsque l'utérus fut ouvert, on découvrit qu'il y avait une partie du placenta, de la taille d'une noix de muscade, dans un état putride, adhérant à sa surface interne. La substance de l'utérus, sur une étendue d'un pouce autour, était d'une couleur particulièrement sombre, presque noire, et aussi douce qu'une éponge. En le coupant, environ une cuillère à café de matière purulente s'échappa des veines, et une petite quantité supplémentaire en fut expulsée.... En ouvrant le ligament capsulaire de l'articulation du genou droit, environ six onces de fine matière purulente s'échappèrent. , et les cartilages du fémur et du tibia ont été considérablement érodés. Il n'y avait cependant aucune apparence d'inflammation à l'extérieur du ligament capsulaire. Le poignet droit était enflé et la membrane cellulaire qui l'entourait était inhabituellement vasculaire et infiltrée de sérum.

CAS XXXVI. Mme Pope, et. 40 ans, a accouché le 26 octobre de son quatorzième enfant, et a semblé se rétablir favorablement jusqu'au 3 novembre, lorsqu'elle a été soudainement atteinte d'une sévère rigueur. Cela a été suivi par des maux de tête intenses, des vomissements, des douleurs générales à l'abdomen et une suppression des lochies. 6 novembre. Grande prostration de force ; respiration laborieuse, avec douleur au bas du sternum et toux sèche et fréquente ; pouls 135, extrêmement faible ; peau chaude et sèche.... Haut-le-cœur et vomissements occasionnels. Plusieurs cordons durs et grumeleux remontaient à l'intérieur de la cuisse, en direction des veines superficielles. 7ème. Délire; la débilité générale s'est considérablement accrue ; la surface du corps était couverte d'une suffusion jaune ; le majeur de la main gauche était très enflé autour de la deuxième articulation, et la peau qui le recouvrait était d'une couleur rouge sombre.

CAS XXXVII. Mme Edwards, et. 35 ans, a été subitement atteinte, trois semaines après l'accouchement, avec douleur au mollet de la jambe droite et perte de puissance dans toute l'extrémité inférieure droite. Le cinquième jour après l'attaque, un gonflement considérable, sans induration, s'était produit depuis le jambon jusqu'au pied, et une grande sensibilité était ressentie le long de la face interne de la cuisse jusqu'à l'aine. L'extrémité devint universellement enflée, douloureuse et privée de toute puissance de mouvement. La température le long de la surface interne du membre a augmenté ; les téguments étaient pâles et luisants, ne piquant pas sous la pression. La veine fémorale, depuis l'aine jusqu'au milieu de la cuisse, était indurée, élargie et extrêmement sensible ; pouls 80 ; langue très chargée ; la soif; les intestins s'ouvrent. Au 23ème jour après l'attaque, la maladie semblait en déclin. La veine fémorale n'était plus palpable, mais il y avait encore une sensation de sensibilité dans son trajet le long de la cuisse, et elle éprouvait un malaise considérable entre l'ombilic et le pubis, ainsi qu'au niveau des reins. Elle commença alors, pour la première fois, à avoir des frissons, accompagnés d'un pouls rapide, d'une langue chargée et de la soif. De cette période jusqu'au 31ème jour, le gonflement du membre et la sensibilité au niveau des vaisseaux fémoraux s'atténuèrent, mais elle éprouva des crises de douleur aiguë dans la région ombilicale, les reins et le dos, qui prirent une forme régulière et intermittente. Chaque après-midi, il y avait une rigueur d'une heure, suivie d'une chaleur accrue et d'une transpiration abondante : la peau était chaude et sèche ; pouls 125 ; langue brune et desséchée ; les intestins s'ouvrent. Ces accès fébriles diminuèrent graduellement en gravité, et elle parut se rétablir jusqu'au 43ème jour, lorsqu'elle eut un long et violent accès de frissons froids. Le visage devint alors l'expression d'une grande anxiété, et le pouls extrêmement faible et faible. 45ème jour. Vomissement; douleur du côté gauche, augmentée en prenant une respiration profonde. 46ème jour. Encore une rigueur sévère et prolongée ; peau chaude et sèche ; pouls 140 ; langue brune et desséchée ; diarrhée; respiration rapide, avec toux fréquente ; surface du corps présentant une teinte jaune particulière. La conjonctive de l'œil droit devint soudain d'une couleur rouge foncé et si enflée que les paupières ne pouvaient plus être fermées. Le lendemain, l'œil gauche devint également rouge et enflé, la surface du corps était froide et moite, le pouls était de 140, extrêmement faible, avec une grande débilité et des crises répétées de vomissements. A partir de cette date, le malade vécut près de trois semaines, mais depuis quinze jours la vision des deux yeux fut entièrement détruite.

Apparitions post-mortem. La cavité pleurale gauche contenait plus de deux litres d'un liquide purulent et fin. Le lobe inférieur du poumon gauche était de couleur foncée et de texture molle. En son centre, environ une once de pus épais de couleur crème a été trouvé déposé dans sa texture sombre et ramollie. Celui-ci n'était contenu dans aucun kyste ou membrane, mais était infiltré dans le tissu pulmonaire. Les tuniques de la veine cave inférieure étaient considérablement épaissies ; toute sa cavité était occupée par un coagulum terminé au-dessus par une extrémité lâche et pointue. La veine iliaque commune gauche était bouchée par une continuation du coagulum provenant du cave. Le coagulum se prolongeait au-delà de l'entrée de l'iliaque interne, qu'il fermait complètement, et se terminait par une extrémité pointue vers le milieu de l'iliaque externe. Ni le reste du vaisseau, ni la veine fémorale, ne présentaient de modifications morbides. La veine iliaque commune droite était contractée à plus de la moitié de sa taille naturelle ; il était ferme au toucher, d'une couleur bleu grisâtre ; à sa tunique interne adhère une membrane adventive de la même couleur, contenant en elle un coagulum ferme. L'iliaque interne était rendue tout à fait imperméable par des membranes bleuâtres denses et de couleur foncée ; et, à son entrée dans l'iliaque commune, elle se transformait en un cordon solide. L'iliaque externe contractée contenait en son sein un coagulum mou et jaunâtre ; ses manteaux étaient trois ou quatre fois leur épaisseur naturelle et bordés de couches membraneuses de couleur foncée. La veine fémorale droite, depuis le ligament de Poupart jusqu'au milieu de la cuisse, était diminuée de volume et presque inséparable de l'artère. Ses tuniques étaient épaissies et son intérieur recouvert d'une membrane dense, entourant un solide coagulum violet qui y adhère fortement.

F. CAS, MONTRANT LA PÉRIODE À LAQUELLE UN COAGULUM PEUT céder DANS UN NAVIRE BLESSÉ.

CAS XXXVIII. George Haydon, état. 37, reçut, le 5 mars 1848, une blessure d'environ un demi-pouce de longueur sur l'artère radiale droite. L'hémorragie fut arrêtée par pression. Le 12, une petite plaie se forma au fond de la plaie, dont les bords étaient enflammés et douloureux. Le 14, il se produisit un léger saignement de la plaie, qui fut d'abord arrêté par l'application du froid ; mais le soir, il réapparut en quantité considérable, et fut de nouveau arrêté par le froid et la pression ; cependant, pendant la nuit, une hémorragie abondante se produisit de nouveau, et ne fut arrêtée que par l'application du garrot au-dessus du coude. Le 15, l'artère radiale était ligaturée ; mais comme cela n'empêchait pas l'hémorragie de revenir, lorsque le garrot fut relâché, la plaie primitive s'agrandit. L'ouverture de l'artère radiale était alors découverte avec quelque difficulté ; il s'étendait sur les deux tiers de la circonférence du vaisseau, laissant un tiers indivis.

G. CAS MONTRANT L'ORGANISATION DE LA COUCHE EXTERNE DU SANG EXTRAVASAÉ ; RAPPORTÉ PAR M. HEWETT.

CAS XXXIX. [47] Un homme d'âge moyen a été gravement blessé à la poitrine; il a vécu onze jours après l'accident, et pendant cette période il n'a jamais présenté un seul symptôme inflammatoire. La cavité de la plèvre gauche se trouvait complètement remplie de liquide sanglant, et était subdivisée en deux compartiments par une portion de fibrine colorée, présentant un aspect alvéolé, qui passait des côtes au poumon. Le compartiment inférieur était lui-même subdivisé en plusieurs autres, par des couches de fibrine colorée se croisant. De grandes portions de sang faiblement coagulé ont été trouvées dans toutes les cavités ; certains de ces caillots étaient d'une couleur rouille, d'autres se rapprochaient davantage de la couleur naturelle du sang. Le poumon était comprimé contre l'épine dorsale, et toute la surface du sac pleural était recouverte d'une fausse membrane, épaisse d'environ deux lignes, formée de fibrine coagulée. La fibrine qui tapissait la plèvre pulmonaire et la plèvre diaphragmatique présentait sur sa surface interne un aspect lisse et poli, et ressemblait en couleur exactement à la fibrine jaunâtre trouvée dans les caillots du cœur de ce malade. L'enduit était si uniforme et si continu dans toute son étendue, qu'il ressemblait d'abord simplement à une plèvre épaissie ; mais cet aspect se détruisait facilement, en détachant cette membrane adventive du tissu séreux, qui présentait là les mêmes aspects que la plèvre du côté opposé, sauf qu'elle n'était pas tout à fait aussi lisse : il n'y avait ni épaississement ni la moindre augmentation. de vascularisation dans cette plèvre. Une large déchirure, d'où provenait l'hémorragie, fut trouvée dans la substance du poumon.

CAS XL. Un homme fut atteint d'une inflammation cellulaire diffuse du membre inférieur, qui se termina en deux jours par une gangrène étendue de la peau. Dans les veines fémorales superficielles et communes, il y avait un coagula étendu ; ceux-ci ne remplissaient pas complètement les veines, mais adhéraient légèrement en différents points à leurs enveloppes internes. Ces caillots conservaient encore, en quelques endroits, la matière colorante du sang, tandis qu'en d'autres, il ne restait que la fibrine incolore ; dans les deux veines, les caillots étaient enveloppés dans une membrane parfaitement transparente, lisse et polie, présentant l'aspect d'un tissu séreux. Dans la structure de ces membranes se trouvaient plusieurs vaisseaux arborescents distincts, minutieusement injectés ; [48] quelques-uns de ces vaisseaux étaient assez gros pour permettre au sang d'y circuler, par une légère pression ; mais aucune communication n'a pu être tracée entre ces vaisseaux et les tuniques des veines. Les membranes se décollaient facilement de la surface des caillots avec lesquels elles étaient en contact. Les couches intérieures des veines présentaient leur couleur naturelle et leurs surfaces polies, sauf aux endroits où existaient les légères adhérences mentionnées ci-dessus.

FINI.

- 70 -

NOTES DE BAS DE PAGE :

[1] CHASSEUR sur le sang. Éd. 1794, p. 21.

[2] P. 25.

[3] P. 24.

[4] P. 97.

[5] P. 94.

[6] P. 98.

[7] Op. cit. p. 98.

[8] Vol. x, p. 45-82.

[9] Op. cit. p. 26.

[10] P. 200.

[11] P. 205.

[12] Anatomie Générale, vol. II, p. 423.

[13] En parlant des deux principes, j'emploierai le terme de « première intention », pour désigner que la fibrine dérive du sang coagulé ; et restreindre le terme « inflammation adhésive » pour indiquer l'épanchement lymphatique des vaisseaux enflammés.

[14] Le chemin DE CRUVEILHIER . Liv. XI .

[15] Transactions médico-chirurgicales, vol. XII.

[16] Journal médical et physique, vol. lvi.

[17] Gazette médicale de Londres.

[18] Cette remarque, j'ai eu l'occasion de vérifier dans des cas où des aiguilles avaient été introduites sous des varices des membres inférieurs, et laissées y rester, avec une ligature autour d'elles, pendant dix jours ou quinze jours. La circulation dans la veine sera alors obstruée ; mais, dans un an ou deux, on constatera qu'elle s'est complètement rétablie.

[19] Transactions médico-chirurgicales, vol. XII.

[20] DANSE. Archives Générales de Méd. vol. XVIII, p. 480, décembre 1828.

[21] Dans les cas où du pus a été trouvé dans des veines entourées de coagula, sa présence et sa détention ont été expliquées différemment. M. Cruveilhier paraît avoir imaginé que les coagula lâches agissent comme des filtres à travers lesquels passe le sang, tandis que le pus est retenu. (*Dict. de Méd. et de Chir.* t.

XII, p. 641.) La véritable explication de la manière dont les coagulas forment du pus rond dans les veines a déjà été donnée.

[22] Voir les expériences de M. Gaspard.

[23] DR LEE. Transactions médico-chirurgicales.

[24] Précis Élémentaire de Physiologie, t. II, p. 389.

[25] Journal de Physiologie, t. v, p. 328 et 336.

[26] L'actuel maire de Newcastle-under-Lyme.

[27] Cette expérience et les suivantes sont parmi celles rapportées par M. Gaspard, mentionnées dans la dissertation précédente.

[28] J'ai observé un jour un état similaire chez une jeune femme de l'hôpital St. George. Chaque pulsation du cœur pouvait être entendue avec une grande distinction à une distance de deux ou trois mètres du malade ; pendant les paroxysmes, c'était la plus grande difficulté de respirer ; le visage devint inquiet et livide, et un frémissement distinct se communiqua à toutes les artères. Après la mort, le visage et la partie supérieure du corps étaient retrouvés livides à cause de la congestion veineuse. Les poumons ne se sont pas facilement effondrés lorsque la poitrine a été ouverte. Les oreillettes du cœur étaient fortement distendues de sang noir ; la surface interne du ventricule gauche présentait une tache blanche d'environ deux pouces carrés d'étendue ; la membrane qui tapisse l'aorte, sur plusieurs pouces, était d'une couleur rouge vif ; celui-ci s'étendait sur environ un tiers seulement de la circonférence du vaisseau. Aucun autre changement structurel n'a pu être trouvé dans le cœur ou les vaisseaux, ce qui expliquerait les symptômes observés au cours de la vie.

[29] De l'Infection Purulente, p. 399.

[30] En déduisant des conclusions générales des expériences sur les animaux, il faut garder à l'esprit que chez eux la suppuration est provoquée avec beaucoup de difficulté. Beaucoup d'apparitions produites par l'injection de fluides putrides (comme dans l'expérience XIV) se seraient probablement terminées, chez l'homme, par une suppuration. Le Dr Sédillot a néanmoins établi le fait que, d'une manière générale, on peut s'attendre à une classe différente d'apparitions post mortem de l'introduction de sérum décomposé, de celles produites à partir de fluides contenant des particules solides.

[31] JOURNAL DE MÉDECINE DE LONDRES , vol. je, p. 799.

[32] Dans un cas de fracture du fémur dans l'articulation du genou, j'ai observé une rougeur érysipèle sombre et mal définie s'étendre du membre affecté au corps, et de là à la tête. Des dépôts purulents se sont formés dans diverses parties du corps, dont le patient est décédé.

[33] Pour la connaissance de ce fait, je suis redevable à M. Cæsar Hawkins, de l'hôpital St. George.

[34] Journal de Physiologie, t. IV, p. 45.

[35] Op. cit. p. 99.

[36] Il peut paraître inhabituel de parler d'une action se déroulant dans le sang ; mais, ce faisant, nous ne faisons qu'illustrer le principe par lequel nous avons commencé, à savoir que « le sang a le pouvoir d'agir en lui-même ».

[37] Op. cit. p. 669.

[38] Le terme d'ecchymose ne paraît pas approprié à l'état décoloré des parties observé au début de cette maladie ; le sang n'est pas d'abord extravasé des vaisseaux, mais il s'y coagule.

[39] Op. cit. p. 662.

[40] Op. cit. p. 662.

[41] FERGUSON (Dr.) Sur les maladies des femmes. Ces cas représentaient un cinquième du nombre total traité.

[42] BRODIE (Sir BC) Medical Gazette, vol. xxxvii, p. 642.

[43] Op. cit. p. 662.

[44] J'ai observé cet état après des blessures à la colonne vertébrale qui se sont révélées mortelles, en provoquant une inflammation d'autres parties.

[45] Cette affaire et les deux suivantes sont tirées de Tonellé. L'auteur est responsable de l'exactitude de tous les cas précédents.

[46] Dr Ferguson.

[47] Med.-Chir. Transactions, vol. xxviii.

[48] M. Gray, conservateur du musée de l'hôpital St. George, m'a récemment montré la couche externe d'un épanchement de sang dans la cavité arachnoïdienne, injecté à partir de l'artère méningée moyenne.